The Wisdom of THE MASTERS OF THE PYRAMIDS

ピラミッドの師たちの叡智

真の自己に目覚める

クリスティアン・ラー & ニーナ・ラリッシュ・ハイダー
高橋マリカ 訳

Awaken to your true self

Chris-Tian RA
& Nina Larisch-Haider

ナチュラルスピリット

あなた自身を識《し》りなさい。

私は私という魂

他の人たちを識《し》りなさい。

あなたはあなたという魂

◇　本書について

・「ピラミッドの師たち」のエネルギーをできる限りそのまま伝えるために、メッセージはあえて命令形にしている。「『ピラミッドの師たち』のメッセージは全人類に対して告げられたもので、エネルギーも語気も力強い」（著者談）。

・「ピラミッドの師たち」からのメッセージは、最初にドイツ語で下ろされ、次に英語に翻訳された。本書は英語版の翻訳だが、日本語の翻訳にあたってはベースとなるドイツ語を尊重している。ドイツ語の単語は、英語・日本語に該当する語がないものが多く、解釈しにくい点も多いが、指示語や句読点も含めて、可能な限り該当する日本語を配置した。「本書はスムーズに読むためのものではない。時間をかけてその意味を吟味しながら咀嚼していってほしい」（著者談）。

・英語版は、三角形の本体に印刷され、螺旋コイルで綴じられ、またページ番号がない。それは、魂には始まりも終わりもないということの反映である。著者はこれを「本ではない本」としている。また「ピラミッドの師たち」からのメッセージは、言葉としてより音楽のように受けとめてほしいと「ピラミッドの師たち」は語っている。

まえがき

クリスティアン・ラー

一九九八年のある日のことでした。

ニュージーランドの南島にあるカイコウラというビーチを夜中に散歩していた私は、海の中から突然､明るい光が昇ってくるのを見ました。驚いて立ち止まって見ていると、その光が海面から飛び出して、私のほうに向かってきます。その光は私の頭上近くで、ぱっと三つに分かれて、後ろの山脈を越えて、消えました。ちょうど、午前零時でした。次の日から、私は自分の中に、奇妙な感覚を伴う変化を感じ始めました。

私の人生では、いつも突然の変化が思いもかけない形で入り込んでくるのですが、今回そこには、ショックに似た感覚が伴っていました。

私を不眠にし、止むことなく私のマインドに入ってこようとしているこのエネルギーが何なのか、見当もつきませんでした。この未知のものへの恐れ、さらにはパニックにとらわれ、私は逃げ出したくなりました。けれど、何から、そして、どこへ？

その十三年前、瞑想中に私のクラウン・チャクラ（頭蓋骨のてっぺんにあるエネルギーセンター）が開いて、スピリットガイドが私にコンタクトを取ってきましたが、そのときにはその未知のエネルギーが突然現れても、恐れもパニックも感じませんでした。

今回は、そのときとは全く違う経験で、数週間、自分の中で不安が続きましたが、ついに私の好奇心のほうが勝ちました。私はためらいがちに自分の恐れの源を探る第一歩を踏み出しました。このエネルギーを受け入れるためのトレーニングをすることが恐れを克服する助けになり、トレーニングを続ければ続けるほど、恐れはどんどん減って、そのエネルギーが何なのか、はっきりしてきました。

わかったのは、十三年前の最初の経験と違って、今回のエネルギーは、私のファースト・アイ（いわゆる第三の目）を通って私の中に入ってくることを選んだのだということでした。最初はそれはかなりの痛みを伴い、私は往々にして頭が爆発する、と感じました。いろいろな奇妙な生命体や、さまざまな銀河のイメージが私の中でわきあがり始めました。急に、宇宙には、さまざまな形状の生命体が存在するのだということが、目に見えてわかりました。そして、何か、あるいは誰かから教えを授かっているのだということが私にわかってきました。

私がはじめてのスピリチュアルな体験をした当時、ニーナと私はまだカップルで、子どもたちと共に、ドイツのミュンヘンのコミュニティで暮らしていました。私のチャネル・ミディアム、エネルギーワーカーとしての天職を発展させ実践する過程において、彼女のサポートが私に強さと勇気をくれました。私がニュージーランドに住むようになってから約一年後に、次女のラウラと共にニーナがニュージーランドにやってきました。そのとき、私はまだその新しいエネルギーと格闘していたのですが、ニーナが常に前に進み続け、恐れを克服するように激励してくれました。私たちは四十年来の、第一級のチームです。

私はゆっくりとこの新しいフォースに意識的にアクセスするようにし始めました。そして最初のはっきりしたメッセージを受け取ってから少しして、私たちはその高次の情報に関わるのを許されたことの喜びに浸りました。

「お名前は何ですか？」と私たちが尋ねると、「彼ら」から返ってきた答えは「人格化されることを望まないので、あなた方に自分たちの名前を与えたくない。」でした。「あなた方は誰ですか？」という質問にも、同じように、返ってきた答えは「あなた方の惑星である地球は、いやむしろ地球の人々は、現在、スピリチュアルな存在や他の種に関して、誰が何で、その存在は何をするか、などさまざまな認識や意見や一部分だけの真実をひどく混同してしまっている。我々はそのような形で何らかの範疇に入れられることを望まない。なぜなら、それでは我々の教えが公正に表されなくなってしまうからだ。」でした。

いろいろな人と私が話をすると、プレアデスについて、一部の人々は「そこからのエネルギーは私たちにとって純粋な光である」と言い、別の人々は「その星こそが、人類の抑圧に責任があるんだ」と言います。その一つだけを例としてあげましたが、多数の星について、いろいろな意見があります。

始めから人格化や範疇化を避けようという「彼ら」の決断は、新しいカルトや教義を作ってしまわないようにするという意味だけでも、とても先見の明がある、と私は感じます。ですから、私は彼らを単に「あの人たち（ザ・ガイズ）」と呼んでいました。ニーナが何かを知りたくて私に「あの人たちを連れてきて！」と叫ぶたびに、私たちは大笑いしたものでした。

しかしながら、「彼ら」から「彼らの」知識をこの「本でない本」の形で、また講演やワークショップによって広めるように依頼されたときに、そうするためには何か呼び名が必要なのだ、と私たちは説明しました。

すると、彼らは私たちに「**ピラミッドの師たち《マスターズ》**」という称号を教えてくれました。それは、古代エジプト文明の頂点の時期に彼らが教師であったこと、その結果ピラミッド建設に至ったことに由来します。

メッセージを得るために私が彼らにつながると、時に私は流れてくる彼らの次元のイメージも受け取るのですが、それは信じられない美しさです。彼らのエーテル体の中で彼ら自身がどのように動くのかも見せてくれますが、スローモーションで、地上で見るものを超えた優美さを持って動くのです。講演のときに、聴衆の中にはそのエネルギーを感じ取ったと言う人、また見えたと言う人もいます。

「ピラミッドの師たち」の経験が、私の人生を信じられないほど豊かにしてくれています。

私はこれまで彼らの知識を通して、ずっと探求していた深い理解を得る経験をたくさんしてきました。

彼らのメッセージに込められた簡明さと明快さが大好きです。そして彼らのメッセージを伝え広めることができるのは、私自身の個人的発展にとって大きなチャレンジであると同時に、とても光栄なことであると思っています。

ピラミッドの師たちとの旅は始まったばかり。
私たちみなが喜びに満ちた目覚めを経験できることを願っています！

ニュージーランドにて　クリスティアン・ラー

ニーナ

これは何の本でしょう。

簡単に言うと、**目覚め、覚醒**（**AWAKENING**）についての本です！

あなたは驚いて尋ねるでしょう。「何から？　なぜ？　私は目覚めてるのに。」

この同じ質問を、私たちも**ピラミッドの師たち**に投げかけました。そして私たちが受け取った答えはとても感動的で、私たちの記憶を呼び覚ますものでした。

真髄として把握すべきことは、私たち人類はみな、はじめから同じ旅路、集合的に魂のレベルで始まった旅路を歩んでいるということです。その道程で、覚醒と非覚醒の時の両方を入れ替わりで生きることを望んで経験する、そんな旅路です。

非覚醒のときには、別種の経験をするという目的のために、私たちは自分を**すべてな**

るもの（**ALL-THAT-IS**）から切り離します。

明らかにこれは一朝一夕になるものではなくて、エネルギー的にゆっくりしたプロセスです。マインドの力を通して、一ミリずつ、カーテンのような「忘却のベール」で自分自身を覆っていきます。

それにより私たちの身体は鈍感になるし、普通は自分に宿っている「私たちは身体を得た魂であり、一つの源から来ていて、すべての存在とつながっている」という意識をなくしたり忘れたりするのです。このベールがなかったら、戦争など起こせるはずはありません。

覚醒も同様にゆっくりしたプロセスで、私たちは自分たちがどこから来ていて、私たちの真の存在とは何なのかを少しずつ思い出していきます。その過程で、突然夜が明けていろいろなことが私たちに見えるようになり、新しい別の経験をするようになるのです。このプロセスは、魂のレベルでは集合的に始まるのですが、まずは少数の人間がそれを世に紹介し、後にだんだん大きく広まっていきます。私たちの起源である精神界は、私たちの「目覚め」のために必要とあれば、私たちが求める限り、どんな助けでも進呈してくれます。しかし、私たちは目覚めるようにせきたてられることも強制されることもありません。

私たちの覚醒の救世主もいません。かわりに、私たち全員がその状態に至ることができるように望み、努力を重ねて成就するしかないのです。

しかしながら、すべての魂がこの肉体を持ってこの惑星の上で目覚めたいと思っているわけではありません。それは、私たちはみな別々の場所で目を覚ますだろうということを意味します。

多くの忘れられてしまった知識や、今まで意図的に隠されてきて現在再発見されつつある知識は、覚醒の時が私たちにかかっているからこそ、アクセス可能になるのです。

ピラミッドの師たちは、私たちに理解させてくれました。再び**目覚め**て私たちの**真の自己**（**TRUE SELF**）を思い出し、それによって一人ひとりが**すべて**（**ALL**）なのだと認識するために、再び機は熟した、つまり人類の多数がそれを望むようになっている、ということを。

私たち全員が意識的にせよ無意識にせよ、このプロセスに関わっているのです。

この「覚醒」のプロセスを可能にし、私たちの個人的「目覚め」を加速するために、彼らは私たちに教えを授けてくれています。

彼らとのコンタクト、そして彼らから受けた集中的な「通信教育」のおかげで、私たちは自分たち自身について、また生の全般についての知識をだいぶ深めることができました。そして私たちはますます覚醒していっており、それは私たち二人にとって、特に美しい、満足感を与えてくれるものです。

親愛なる姉妹または兄弟のあなたがこの宝箱を手にされたことを私たちは嬉しく思います。そして、この本によってあなたの「目覚め」のプロセスが容易になること、そして少しずつ「すべてなるもの」とのあなたの一体感が増すことを願っています。

ニュージーランドにて　ニーナ

1

これは本であって、しかし本でありません。

これはどちらかというと宝箱のようなものです。どこに手を入れても、あなた自身にとって貴重で役に立つ何かが見つかるでしょう。そして、宝箱に始まりや終わりがないのと同様、この本にはほんとうの始まりもほんとうの終わりもありません。始まりも終わりもないあなたの真の存在とまったく同じなのです。（注：元の本にはページが打たれておらず、らせんのコイルで閉じてあり、どこから読み始めてもいいようなデザインになっている。）

この本を、スパイラル《らせん》のように見て、そのスパイラルの中のどこをとっても、自分にとっての一つの経験なのだとしっかり受け止めてください。スパイラルのどの辺りかは関係ないのです。

この本では、彼らの教えを可能な限り、文字どおりに再生しようと決めました。それは**ピラミッドの師たち**から依頼されたことでもありました。

私たちの意見では彼らの言語は、特にそのシンプルさゆえに、それを五感で認知する人であれば、誰にでも非常な効果があります。それは私たち自身もそうでした。個人的に私たちはただ彼らの言葉に接するだけで、自分が毎回強くなり、拡大していったと感じています。

この本の文は、講演やたくさんのワークショップから集めました。また、彼らの願いに応じて、彼らが重要だと見なしている数々の瞑想法も書き記しました。それにあたり、誰にでも理解しやすく、繰り返し行いやすいように配慮しました。

WHAT DO
THE MASTERS
OF THE PYRAMIDS
HAVE TO
TELL US?

ピラミッドの師たちから
私たちへのメッセージ

我々はあなた方に思い起こさせたいことがある。

それはあなた方がすでに知っていることだ。

我々はあなた方に、「**あなたの真の自己**」を思い出してほしい。

それは、あなた方は、光の存在で、始まりも終わりもない存在だということだ。


自分が永遠＝タイムレス《時がない》だと意識して気づけるようになれば、もう何もあなた方を恐がらせることはできない。


自分は永遠に存在する、そして始まりや終わりなどはない、と知れば、あなた方は「恐れ知らず（フィアレス）」になる。

あなた方の多くは、目覚めて、「**真の自己**」を、「**すべてなるもの**（**ALL-THAT-IS**）」と共に経験したいという深い願望を持っている。

自分が何者なのかを知らなければ、それは不可能だ。


これまであなた方は、「**すべて**（**ALL**）」とのつながりを持つことなく自分自身を経験したがってきていた。

我々はここに言う。「その段階は終わった」と。

我々はあなた方に、ツールと鍵をぜひ手渡したい。あなた方が、どのようにしたら「すべて」とのつながりを持って自身を経験できるのかを知ることができるように。あなた方にとって「善い」ようにだけでなく、ありとあらゆる存在にとって「善い」ように。

我々はみな「**ひとつ**（**ONE**）」であり、家族なのだ。我々はみな同じ動き《ムーブメント》の中にいるのだ。

想像せよ。すべてなるもの、は偉大なスパイラルの中にある。このスパイラルは車輪のようなものだ。車輪が完璧に回るためには、車輪の他の部分もすべて同調して、さらに前進し動き続けるようにしなければならない。

あなた方人類は、この車輪のうちの欠けた環《ミッシング・リンク》なのだ。

我々は、あなた方が自分たちの境界を越えて成長することを必要としている。なぜなら、そうでないと宇宙全体がさらなる成長をすることができないからだ。我々はあなた方を必要としている。我々はあなた方を置き去りにはできない。それは不可能だ。なぜなら、あなた方は我々の一部だからだ。これが、これほど多くのエネルギーが、あなた方とあなた方の惑星に向けて運ばれている理由だ。

過去に、我々は一時期エジプト人とつながっていた。その影響で、彼らはピラミッドを建設することができたのだ。我々はエジプト人を選び、彼らを「覚醒の人々」と呼んだ。

我々は彼らに、自分たちの闇から脱却できるように、さまざまなツールを与えた。当時それはテストだった。そのテストは、彼らがまだ全住民にその知識を開示する準備ができていないという結果を示した。その代わりにそこから秘密の教えがいろいろ作り出され、それを知る少数の者が権力を握るために使った。その結果、我々は退き、彼らが自分たちで経験を積むに任せることにした。

地球全体のあなた方の多くが目覚め始めたため、そのプロセスであなた方を助けるために、我々は戻ってきた。

あなた方が前に進み続けるために我々ができるのは、あなた方に「**自分が何なのか**」を思い出させることだけだ。

それが、我々があなたに語りかけている理由だ。

あなた方が「忘却のベール」を持ち上げることを可能にするために、鍵を一つ授けたい。あなた方が自分の**真の自己**を思い出せるように、そしてあなた方がすでに知っていることと、発展させてきたことを使えるように。

「忘却のベール」はあなた方の種の進化全体を通して、あなた方が意識的に発達させてきたものだ。「**すべてなるもの**」から切り離されるとはどういうものなのかを経験するために。

それが今、あなた方の拡大を妨げるブロックになっている。我々が「忘却のベール」と呼ぶこのブロックを、あなた方は後頭部に最も強く発現させている。

その「取っ手」はあなた方全員の、頭蓋骨の下端の真ん中から少し上に上がったところに、くぼみとして存在する。

あなた方はそれぞれ、多かれ少なかれそこが閉じている。

あなた方はその辺りをゆっくりと触れることでそれを再び開けることができる。そしてそれにより、覚醒のプログラムの発動の設定ができる。

◎忘却のベールを持ち上げるエクササイズ

一瞬、緑色を視覚化するか想像してください。

次に、片手の指で首の後ろの真ん中に触れます。

その指を上に上げていき、ぼんのくぼは通り越して頭蓋骨の下端よりも少し上にあるくぼみを感じて触れます。

このくぼみはファースト・アイ（第一の目）のほぼ反対側にあります。

ファースト・アイは、額の真ん中、眉の少し上にあるエナジーセンターです。

この辺りに同時に触れてもよいです。

目を閉じてそのくぼみを優しく反時計回りにマッサージしてください。

クリスティアン・ラー

このエクササイズは、他のあらゆる瞑想法をする前に行うのにも最適です。ここを開いておくことによって、他の瞑想でもより深い効果を得ることができるでしょう。

分離からワンネスへの私たちの拡大を妨げている忘却のベールを持ち上げて取り外すことによって、あなたはどんどんほんとうのあなたのセルフ、つまりあなたという魂に触れることができるようになるでしょう。

このエクササイズをはじめて行うとき、少し眩暈のような感覚があるかもしれません。

それは、マインドを手放していっている状態の表れなのです。

マッサージしている部分に抵抗や軽い痛みを感じる場合は、ただそれを認識して、そのまま続けてください。すると気持ちが高まる経験に変わるでしょう。

また、瞑想という形でなくても、この辺りをマッサージするだけでもそこが開いていく効果はしっかり得られます。たとえば、歯を磨く間、電話で話している間などにマッサージをするとよいのです。回を重ねるほどに、あなたは拡大を経験することでしょう。


この瞑想は、あなたが戻る道を見つけ、自分の**真の自己**と自分が多くのさまざまな人生で集めたすべての知識を思い出すための助けになる、重要な鍵である。

あなた方のもっとも深い願望は、すべてなるものと共に、そしてそのすべての中で、自分自身を経験することである。

自分を観察するとき、自分自身を一人の人間だと見るのではなく、一つの「光の存在」として見なさい。

それが違いを生む。それがあなたの中で、自分はただの人間ではなく「すべてなるもの」とつながっているという知識を開く。

今、自分をすべてとつなげる時が来たのだ。あなたの仲間の人間たちの多くが、今準備ができている。なぜなら、彼らもすでに同じ方向で多くの経験を得てきたからだ。

我々はすでに、あなた方の多くをこのやり方で過してきた。覚醒が始まるように。

スピリチュアルな目覚めとは、あなたがボディ、スピリット、真の自己の間のつながりを意識するようになることを意味する。

そこから、スピリットが、あなたの「真の自己」の意識的認知と「すべてなるもの」を経験するための乗り物《ボディ》とのエーテル的連結を形作る。

眠っている人がまだ大多数なので人類の意識はいまだにとても曇っていて、それがまだ覚醒の過程にある人々に影響する。なぜなら、それが「あなたというもの」（**WHAT YOU ARE**）であることからあなたを引き戻すからだ。

それが目覚めた者がずっと目を覚ましていることが難しい理由だ。であるから目覚めつつあるあなたにとって、自分の周りをやはり覚醒の過程にある人々で囲むことがきわめて重要になる。

そうすれば、覚醒状態が続く。

2

これまであなた方は、自分たちが永遠（タイムレス）なのだということを意識の上で気づいていなかった。永遠とは、始まりも終わりもないということだ。**あなた方の真の自己は永遠なのだ**。

あなた方は、始まりと終わりの観点から考える。それは幻想である。

もしあなた方が始まりと終わりの観点から考えると、その二つの間には恐れがある。

なぜなら、始まりも終わりも恐れとくっついているからだ。あなた方の死の恐れも、時という考え方の中にのみ存在する。

人間のほとんどは、新しいものと、終わりを恐れている。それは単に、あなた方が時の存在を信じているからだ。

時は鳥かご、あるいは檻だ。あなた方はその中で生きている。あなた方は未来の中で生き、過去の中で生きる。それはあなた方が「時」の存在を信じているからだ。

「時」はあなた方を恐がらせるために作り出された。

「時」はあなた方が自分の力（パワー）の中にあることを防ぐために作り出された。それに加えて、時の存在を信じることで、あなた方は**自分がほんとうは誰なのか**を経験することができないでいる。

あなた方は、あまりにも時と共に生きる訓練を受けているので、自分の「真の自己」を経験することがほとんど不可能になっている。

時の中にとらわれて、時にしがみついている。

時の中で生きることに慣れすぎて、時の外側で自分を経験することが恐ろしく感じられるほどになっている。


あなた方はまだ、時がどのような檻か知らない。なぜならあなた方はそれに慣れすぎてしまったからだ。

あなた方のためのステップは、檻としての時を感じることだ。時の中での自分は居心地が悪いと感じることだ。

檻から自由になるには、その檻をまず認知しなくてはならない。

時の檻の中にいることが、どんなに居心地が悪いかを感じなくてはいけない。


明確にしておこう。

たとえば、昼と夜、それは時のパターンのように見える。しかし、それは時とはなんら関係のない事実なのだ。

時は、あなた方が始まりと終わりの観点から考えるときに作り出される。

あなた方が（昼間が終わる。夜が始まる。夜が終わる。）などと考えるときに。

両者は同時に存在する。夜が昼に沁み込み、昼が夜に沁み込むのだ。

この、時の監獄からの離脱が、苦労なしで偶然起きることはない。

想像せよ。砂時計のようなものを。あなた方は砂時計の下の部分の中で生きている。その部分は、時に匹敵する。

そこから上の領域への出口は狭い。上の部分は永遠（タイムレスネス）の経験だ。真ん中の狭い通路は障壁だ。であるから、あなた方は時から、その狭い通路を経由して永遠に入るのだ。

永遠を経験するには、あなた方が可能な限り時のないスペース、「時」を忘れる時、を自分に与えることが不可欠だ。そのようにすると、あなた方は永遠を経験できる。その機会を多く持てば持つほど、あなた方にとって、時は檻のように感じられてくるだろう。それは実際、檻だ。

想像せよ。あなたは映画を観に来ている。あなたはただ観ているだけであり、いつでも映画館を出て行ける。時と永遠についても同じなのだ。

永遠の経験を通じてあなた方の時の理解が増せば増すほど、時を扱うのは容易になるだろう。

永遠を経験することによって、「砂時計」の上の部分、下の部分に自由に住めるようになるための、時の別の取り扱い方を学ぶのだ。

クリスティアン・ラー

私は「永遠」を経験することで、とてもリラックスできました。なぜならもう、時の中で駆り立てられる感じやストレスをそんなに感じなくなったからです。今では私は、時の中にいるときは長方形のような自分で、永遠の中にいるときは円形のようで流れている自分を経験します。

自分自身を時の外側で経験することは、死の恐れを克服する上で絶大な効果がある。なぜなら、始まりや終わりが溶けるように消えたら、終わりとしての死も溶けて消えるからだ。あなた方が時なしで生きれば生きるほど、死の恐れは減じていく。永遠（タイムレス）であることが、あなたのほんとうの現実である。

しかし、時の原因にはもう一つある。地球の周りに、濃い電磁保護カバーがあるためにあなた方は、時、そして「すべてなるもの」からの分離を経験することができた。この発展プロセスはもう完了した。この保護カバーの必要がどんどんなくなってきて、だんだん開いてきているので、新しいチャンスがやって来始めている。それが意味することは、あなた方の惑星が連続的に開いていくプロセスの中にあるということだ。

あなた方の大気の変化はその一つの象徴だ。

もう一つの地球の保護カバーであるオゾン層がかつてないほど透明になっている。それは、その二つの保護カバーの相互作用によるものだ。

あなた方の身体にも同じことが起きている。

あなた方の身体に関連して、新しい経験が可能になる。

起きるであろうことを把握できるように、そしてそれに自分が対処できるように準備しておくために、自分自身、永遠の練習をしておくことが重要である。

しかしながら、あなた方は長い間、意図的に時の中に引き止められているというのが事実である。自分を永遠の中で経験することは、それよりもっと長い間、可能であったのだが。

あなた方の社会は、あまりにも時と共に機能している。なぜなら、あなた方を統治する者たちが、その効力を知っているからだ。

あなた方は、コミュニケーションとインフォメーションの時代に生きているのだ、と告げられている。

それは、あなた方を絶えず忙しく休みなくさせるため、あなた方を引き止めて時の中にとどまらせるために作り出されたことだ。

時の中では、マインドが常に休みなく働いている。

休みなしということは、あなた方は自分の「真の自己」を経験できないということだ。あなた方を統治する者たちは、あなた方を休みなくさせている。それに気づきなさい。彼らはいかなる変化も危険であると見ているために、変化が起きることのないように、時の現実を自分たちに都合のよいように仕立て上げてきた権力《パワー》なのだ。こうした権力者たちは、世界中で、最も指揮権のある地位についている。彼らは、このあなた方の自然な進化発展をどうしたら妨害できるか、抑圧できるか、という方向で働いている。

ニーナ

私はいつも、時のプレッシャーやストレスを居心地悪く感じ、時間を決めて約束することが大の苦手でした。その頃は自分の防御の背景がわかっていませんでした。ニュージーランドに来てから、ある日時計をはずしたら、それはどこかに行ってしまい、もう見つかりませんでした。私は突然新しい展開が近づいてきていると認識しました。その当日に「師たち」が時と永遠について話をしたのです。それは啓示でした。

3

あなた方の惑星とのつながりを持たないままで「永遠」の自分を経験してより高い意識レベルに到達しようというのは、足を持たずに歩こうとするようなものだ。しかしながら、あなた方は自分自身とのつながりと自分たちの惑星とのつながりを失ってしまった。あなた方の惑星と再びつながる道を見つけなさい。するとあなた方は自分自身とのつながりを再び見つけるだろう。

あなた方の惑星のエネルギーにあなた方が自分を開けば開くほど（愛する者にそうするのと同じように）、あなた方にとって成長は容易になり、するとあなた方は内なる流れに乗れるだろう。

想像せよ。子どもが両親の助けを借りれば、助けなしよりも成長が容易である。両親は経験があるので助けることができる。

この惑星からの助けを借りなさい。すると成長はより容易になり、そして喜びに満ちたものになる。

あなた方の大多数にとって、この惑星は宇宙の誕生以来ずっと故郷である。

あなた方はこの惑星の一部なのだ。

自分自身と命や人生に関する多くの間違った信念から脱却するためには、自分自身があなた方の惑星とより深いレベルでつながることが大事なツールである。

するとこの惑星は、あなたが自分の道を歩くのに付き添ってくれる。

・・・・・・・・・・・・・・・・・・・・・・・・・・・・・・・・・・・・・・

それなしだと、あなた方は自分の力を感じられず、迷子になったように感じる。

あなた方の惑星はすでに今、非常に高い振動《バイブレーション》の状態にある。

この振動は、非常なる癒しのツールである。

あなた方がこの惑星の振動と共に自分自身とつながるとき、あなた方は「真の自己」に成長するための多大なる助けを受け取るだろう。

しかしながら、あなた方は自分に身近なものとしか自分をつなげられない。

だから、地球に近づきなさい。


あなた方の多くは、自然が好きだ。が、ほんとうには地球とつながっていない。あなた方が何かを好むとき、自動的にあなた方がそれとつながっているとは思わないように。つながりというのは、好きとか嫌いよりずっと深いものなのだ。


身体に痛みを抱える人がどんどん増えている。それは主に、その人々が地球とつながっていないということを表す。彼らは彼らの惑星の上がり続ける振動に耐えられない。そのため彼らは平衡、バランスを保てない。

地球の振動があなた方の身体の中にあるブロックに触れると、それが痛む。

地球が高く振動すればするほど、より強い痛みが起きる。

あなた方の物理的な身体が地球の周波数との同期を達成できないと、痛みがやってくる。

もしあなたが電圧の高い器具に指を差し込んだら、あなたはあなたの身体を殺すだろう。仮にあなたの身体が同じぐらい高く振動していたら、身体には何の影響もないだろう。単に電気が身体を通して流れていくだけだ。

地球の高い振動に関しても同様だ。

地球はますます高い周波数で振動している。あなた方がそれについていかないと、痛みを感じる。あなた方の大多数の人の身体は現在、地球よりも低い振動の状態であるため、痛みを感じるだけでなく、病んだ身体、つまりバランスの崩れた身体を経験する人がどんどん増えている。

たとえば、ガンは基本的に、単に身体の振動が低すぎることを表す反応である。身体がより高い周波数に達するやいなや、つまり地球とのつながりと体細胞の治療によって、ガンは去っていく。

あなた方は、自分自身を地球とつなぐことによって、自分の身体をより高い周波数に調整して、身体のバランスを取ることができる。

そうすれば、あなた方の身体はもはや痛みであなた方を悩ませることもなく、バランスの取れた状態にとどまるだろう。

あるエクササイズによって、あなた方は自分自身を自分たちの惑星とつながらせて、その周波数に自分を開いていくことを学ぶことができる。

あなた方の惑星は、以前と比べてここしばらく、それを感じ取ってそのエネルギーの中で振動するのがずっと容易な振動の仕方をしている。

◎地球という存在とつながるエクササイズ

可能であれば、自然の中に行って地面に座ってください。

目を閉じ、緊張を徐々に、そして、すべて手放していきます。

自分の身体を完全に感じられるようになるまで、身体に意識を集中してください。

そのとき、身体全体を瞬時に感じるのもよいし、注意を各部分に順番に向けていくのでもよいでしょう。

あるいは、自分の身体にあたかもそれが一人の人間であるかのように語りかけるのでもよいでしょう。

自分の身体ともっとも強くつながれる方法を決めてください。

ひとたび自分の身体とつながったら、可能な限り自分の中で地球という存在とつながります。

このときも、一人の人間と話すようにあなた方の惑星と語りあってもよいでしょう。

そうしたら地球に、自分の身体にその振動を送ってください、と依頼してください。

地球のエネルギーが自分の身体に沁み込み、満たしていくのを感じます。

そのときに湧き起こってくる感情があれば、そのままに任せておきます。

ニーナ

私は、地球という存在に「私はあなたに完全に自分を開きます。私は、あなたこそが私のほんとうのお母さんだとわかりました。完全にあなたに注意を集中します」と言うと、地球に対して最も開いていられることを発見しました。

（この本が最初に発刊された）ニュージーランドは、地球のうちで最も女性的な部分であり、あなた方の惑星上で最も多くの許可と滋養を与えてくれる、つまり、人（多分あなたも）が地球上で経験しうる最も深い認可を与えてくれる部分である。
それも、我々がここ、ニュージーランドで教えを始めた理由である。

想像せよ。あなた方の惑星は母親であると。彼女は生涯、子どもたちの世話をし、一生を子どもたちと同じ家で過ごしてきた。地球はあなた方が十分に「大きく」なって、彼女が外に踏み出して新しいエネルギーに向かって開けることを望んでいる。彼女はすでにある意味そうしているが、あまり遠くまでは開けず、自分が願うほど速く前に進むことはできないでいる。それはあなた方の多くがまだ未熟であるからだ。

このように、地球はあなた方と共にあり、あなた方が成熟するのを助けようとしている。

4

地球があなた方に与えてくれるものをあなた方の身体に与えなさい。

この覚醒のプロセスに参加するためには、あなた方の身体はこれまでとは違う扱い方を必要とする。

それゆえ、あなた方は、自分の身体が優れたシステムで、それ自体を健康に保っており、かき乱されたくないのだ、ということを知る必要がある。あなた方の身体は多くを必要としない。あなた方は、いくつか小さなことに気をつければよいだけだ。そのうちの一つは、自分が慣れているものとは違うものを与えなければならないかもしれない、ということだ。

あなた方の身体には、地球から直接やってきたものだけを食べ物として与えなさい。食べる物を変えるのではなく、加熱調理をやめなさい。加熱調理された食べ物はあなた方の身体のエネルギーを非常に大きく下げてしまう。地球のエネルギーが高まっていることとあいまって、結果的に身体の中に痛みとずっと増大していく不均衡が生まれる。すると、自分自身と地球のつながりが減少する。これは循環である。

すべての加工食品、食産業によって人工的に作り変えられた食べ物を避けなさい。これは身体にとって不自然なものであり、身体のエネルギーレベルを下げ、身体にとって不必要な諸問題の原因となる。

地球は、光の存在としてのあなた方に必要なものを与えてくれる。

であるから、この惑星が自然な方法であなた方に与えてくれる滋養を自分自身に与えなさい。

マインドのための食べ物（加熱調理されたものすべてと、消化のプロセスに時間がかかって身体の負担になるもの）と、経験のための食べ物（あなた方の消化器官の負担にならないもの、たとえば果物）とがある。
・・・・・・・・・・・マインドのための食べ物は避けなさい。

もしあなたがすでに、自分は光の存在なのだと気づいていれば、けっして肉は食べないだろう。

自分たちは肉を食べるようには作られておらず、肉は自分を暗くするということに気づいていているだろう。

「ローフード」を増やしていくこと、身体がそのエネルギーレベルを上げるのを助けることを目標にしなさい。それは、あなたの身体をより透明にする助けにもなる。

そうすると、身体の中にとどまってしまうものが減っていく。たとえば、ウイルスは透明な身体の中にはとどまれない。

あなたの身体をより透明にするには、「固体」というのはあなたのマインドの中にある制限的な考えであることを、意識して認識することが重要である。

身体は限界は持つが、物理的意味での固体は持たない。身体は光の粒子の集合である。その事実に気づくには、何が目に入っても、たとえば、木とか車とか人間を固体だと考えないことが役に立つ。

「粒子」＝光の粒子で考えるように訓練しなさい。多くの光の粒子が密集して振動しており、そのためあなた方の目には固体に見えるものが作り出されるのだ。

たとえば、一つのある固有の振動を、あなた方は、木と教わってきた。

その特有の振動は、その物質に由来する。

あなた方が持っている、あるいは経験するどの振動も、集合的なマインドの力から生まれる。

その説明・表現が、たとえば「木」として具現化する。

完全（**WHOLE**）であるとは、透明であることを意味する。

この惑星上で、ありとあらゆるアレルギーに影響される人々の数が増えている。

これは健康的なことである。あなた方がそれを理解できれば。

アレルギー反応は、人々が自分の身体に、自然でないものを吸収するから起きるのである。

あなた方が意識的に自分自身と地球をつなげればつなげるほど、自分がほんとうに必要とするものに気づくようになるだろう。するとあなた方は自分には何が必要なのか考えるのをやめることができる。なぜなら、もう「知っている」ようになるからだ。

目標は、あなた方が自分の身体に執着なく、左右されない状態になることだ。あなた方に自分に何が必要なのかを知ってほしくない権力が多数ある。そのため、あなた方は、たとえば、自分自身と地球をつなげるのでなく、地球を使うことを教えられてきた。

もしあなた方が自分と地球をつなげることをすでに学んでいたとしたら、自分が何を必要とするのか自然とわかっているだろう。そうであった場合に限り、あなた方は自分の身体に何が欠けている可能性があるのか感じることができるだろう。

あなた方が、身体が欲しがっているものを与えていれば、それはある意味、あなた方の「道連れ（**COMPANION**）」となってくれるだろう。

そうでないと、身体はあなたをかき乱すだろう。

これが、あなた方が自分の身体をけっして無視すべきでない理由である。


同時に、あなた方の身体が安全だと感じ、それゆえ痛みや問題を作り出さずにいられるように、いくつかのことを実行しなさい。

安全が保証されていると感じると、身体はあなた方を悩ませることはしないだろう。

自然な食べ物の他に、身体は動きと、触れられることをも必要とする。

これらすべてのことをわかるようになるためには、主に地球とのつながりが必要になる。


地球とのつながりは、身体にそれが必要とする保証を与える。

すると身体は、**自分が何なのか**を経験しそれを思い切り表現するという、あなた方の究極の目標をかなえるのに役立つことができる。

あなた方の身体は、その目標のためにあなた方によって作られてきた。

あなた方は、このゴールに到達するために、最高のやり方で歩み続けられるようにあなた方の身体を作ってきた。

このゴールは、すべての存在にとって同じであるが、そこに至る道筋はそれぞれである。

それがあなた方が一つの道を他の道と比べられない理由である。


であるから最初の一歩は、あなたが自分の身体をそれが必要としているものを与えることによってあなたの役に立つというところまで持っていくことである。

身体が必要としているものがわかり、いろいろな思いつきや可能性にがんじがらめにならずにいるための唯一の方法は、地球とのつながりである。

このつながりを成し遂げるためには、あなた方は地球に関する自分の認識を手放さなければならない。

地球は独立した存在ではなく、あなた方の所有物だという意見が大きく広がっている。

なぜなら、あなた方は意識がなく自立していないと見なしているもの（自分たちの惑星上の動物たちがその一例）を所有することに慣れているからだ。

しかしながら、地球は、あなた方に役立ってはくれるが、あなた方のためでなく自身のために存在する意識のある一つの存在である。

あなた方はあなた方の惑星の訪問者、ビジターである。

自分を、地球への、そして自分の身体の中の、一人の客として見るとよいだろう。というのは、あなた方は「客」と「尊敬」という言葉の間に関連性を持っているからだ。その姿勢だと、あなた方は自分が何を受け取れるのか尋ねる。そしてその姿勢だと、あなた方は地球により近しくなる。

地球はとても寛大で、「ノー」と言うことはほとんどない。

あなた方が自分たちを客だと見ると、その結果は、感謝とつながり、である。

これは、女性のあなた方へのメッセージである。

あなた方女性が、自分はどういう扱い方をされたいのか思い出すと、あなた方は地球がどう扱われたいのかも理解するだろう。

あなた方がそのように地球を遇するのでなければ、男性たちも子どもたちもそうしないだろう。

あなた方の手の中に、鍵はある。

あなた方は、この時代の教師たちなのだ。

5

あなた方は「自分は自分の身体である」という集中的な訓練を受けてきている。

そのため、あなた方の多くはいまだに、自分イコール身体であると考えている。なぜなら、彼らは身体としてしか自分自身を経験していないからだ。

この誤った信念によって、あなた方は身体を持たない自分を経験するのを恐れるようになる。

きっと想像できるだろう。あなたがもし、自分イコール身体だと信じていたら、自分は身体だと感じるがゆえに、身体のない自分を経験するのはとても恐ろしいことだということを。

であるから、身体に対しては別の姿勢を取ることがとても重要だ。つまり、もう自分自身と身体を同一視しないという姿勢だ。

あなたは、あなたの身体ではない。

自分の身体を愛車のように見なさい。

多くの人が、自分の身体より車のほうを愛している。

あなた方の身体は、あなた方のほんとうの車だ。それ以上でもそれ以下でもない。あなた方が地球とつながればつながるほど、あなた方は自分は身体ではないのだということを「経験」するだろう。

長いこと、あなた方の種の間で身体は過小評価されていた。今日ではそれは過大評価されている。

バランスの取れていないものはすべて困難を引き起こすので、あなた方が肉体のない自分自身を経験すること、すなわち瞑想がとても重要である。

するとと新たなバランスが作り出される。

どれほど熱心にそれを行ったかによって、あなたの身体が行き着くところが決まる。あなた方全員にとって、その中にある学びは、自分自身と何かを同一視することなしに本気でその何かのことを考えることである。

想像せよ。あなたの身体は一軒の家である。その家にあなたは客として滞在している。そこにあなたが客としていたい間はその家はあなたの自由になる。

家がどんなふうに形作られているか、それがあなたが見るもの、経験するもののために機会を提供する。あなたのさまざまな感情さえ、「あなたの」家が決定づける。

さらに加えて言う。身体との過剰な一体感は、あなた方が「自分がほんとうは何者なのか」を発見することをできないままにしてしまう。それが、身体のない自分を経験することがまことに不可欠であることの理由だ。

このことは、あなた方がたくさんのレベルで存在しているがゆえに、特に重要である。

それらの存在は分かたれることがない。

あなたは、宇宙全体の中に存在しているのだ。

想像せよ。あなたは、ここ、と同じくらい、銀河の最果てにも「真の自己」を発見するだろう。

このことは、あなた方はまだ把握できない。
それを再び識《し》る（**recognise**）ことへのあなた方の深い願望が、あなた方がこの知識に近づくことを可能にする。

6

「静寂への道は瞑想である。」

それは、あなた方が自分自身を身体なしに、あるいは身体の外で経験できるのは、身体が静寂の中にあるときだけだからだ。

地球が、あなた方が身体を持たずに自分自身を経験するのを助けてくれるだろう。このことはとても重要である。というのも自分は身体であるという間違った信念が、あなた方を檻に閉じ込めているからだ。身体が静寂でいられるためには、それが必要とするものが満たされていないといけない。

重荷をたくさん抱えた身体は静かではいられない。

その結果である生き生きしていない身体も、静かではいられない。
それが、あなた方にとって、地球と意識的につながることがとても重要な理由である。
そのつながりを通して、身体に何を与えるかについて、あなた方の意識が成長する。
その目的は、それによって身体が静寂に入ることである。
めちゃくちゃに散らかった家（身体）の中では、瞑想はできない。
この関連性を理解することが重要だ。

しかし、あなた方のうちの多くの人間は、地球とのつながりを持っていない。それは彼らが自分自身のことを地球に依存している、つまり地球なしでは存在できないというふうに見ているからだ。すると、死の恐れが前面に出てきてしまい、つながりを持つことができなくなる。

しかし、その気持でさえ、身体のない（**non-body**）状態を経験することで克服できる。
そのように自分で練習をすればするほど、あなた方は自分たちの惑星と共に成長することができるだろう。

だが、人類の全員にそれぞれ違った始め方が必要である。

たとえば、ある者たちは地球とつながるためにはまず身体のない状態を経験する必要があるし、別の者たちは身体のない状態を経験できる前にまず地球につながることを必要とする。

あなた方は、何世紀にもわたって、自分は自分の身体だと信じるように訓練されていることを自覚しなさい。

ニーナ
身体との同一視によって、私たちの知覚はベールをかぶったように不明瞭になり、身体のニーズを的確に認知することが、もはやできなくなっています。
ですから、私たちは自分の身体から少し距離を取る必要があります。

別の物の言い方に慣れるとよいのです。「私は痛くて辛い」の代わりに「私の身体が痛がっている」のように。

あなたが一人のよい友達に対してとるような態度で身体に接しましょう。身体はそれ自身のサイクルを持っていて、一つの変化や、あなたにとっての新たなことすべてや、何かが起きることが、全身に関わります。たとえば、傷。一ヶ所が切れただけのことにも全身が影響されます。

身体は「基本プログラム」を持っていて、一つの機械のように働いています。身体はサバイバル用にプログラムされているのです。それは自動的に起こります。すべてのシステムが生き延びるために機能します。

一つ、大事な学びがあります。**自分の身体との対話をすること**です。これは練習を必要とします。あなたの身体は独立した存在だと想像しましょう。ですから、あなたはその一人の人と話をするわけです。そうしながら、身体の声に耳を傾けましょう。身体に、しっかり機能するためには何を必要としているか、または私から何かもらう必要があるか、尋ねましょう。つまり、どういう食餌法がよいのか、どういう食べ物は対処できないのか。この質疑応答のプロセスに入れば入るほど、あなたが自分の身体からより多くのメッセージを受け取れば受け取るほど、その答えは明瞭になるでしょう。

この対話において一番のハードルは、自分の身体が必要とするものについてのあなたのさまざまな概念です。大事なのは、自分の身体のことをまったく何も知らないと思って対話することです。

他の人と話をするときに似ています。その人に何が起きているかは知っていても、ほんとうのところを把握することはあなたにはできないでしょう。

あなた方全員が、これが身体が必要とするものだ、という情報を与えられています。あなたがそこで止まってしまうと、発見の道は閉ざされてしまいます。

あなた方の身体は機械的意識を備えていて、それは各細胞内に存在する。すべての細胞はあなた方が身体の中に宿っていることに依存している。

あなたの細胞の意識全体がそれに向けられている。

身体はあなたがその中に宿っていることを欲する。それを求めさえする。なぜならそれによって存在が保証されるからだ。

あなた方が自分自身で身体の世話ができるように、自分の「パワー」を再び手にすることがとても重要だ。

ほとんどの人はいまだに、あなたの身体が必要とするものはこれですよ、という他人の声に耳を傾けなくてはならない状態でいる。

自分自身を自分の惑星とつなげることは、それを自分で知るチャンスをあなたに与えてくれる。

我々は、あなた方が自分自身のパワーの中にあるのを見ることを切に願っている。

あなた方は、「病気と健康」というものの考え方をするのをやめなくてはいけない。

その二元的な考え方は、他のさまざまなことの中で突出して、あなた方が病気と理解しているものを引き起こす原因となる。

バランスとインバランス、均衡と不均衡、というものがあるだけなのだ。広義では、バランスとは「**すべてなるものと一つである**」ことだ。

身体の混乱は、不均衡、バランスが取れていないということの現れである。

7

あなた方が自分の本質的存在を思い出せば思い出すほど、バランスが取れてくる。あなた方はバランスが崩れている。（我々はそれをはっきりさせておきたい。）なぜならばあなた方は、誤った前提の数々を与えられているからだ。あなた方一人ひとりは、（ここも再度はっきりさせておく必要がある点だ）それぞれ別個の現実のレベルに存在している。

あなた方のほとんどは、別の諸次元において自分たちがすでに学び発展させてきたことを忘れてしまっている。我々は、あなた方が再びそうしたいろいろなレベルの現実にアクセスできるように、再びそれらをあなた方により近づけるために、ここにいる。あなた方が使っていない豊穣がある。使っていないのは、あなた方が忘れてしまったからだが、あなた方は忘れるように設定されていた。

我々はあなた方に一つの道を示したい。それはあなた方の成長を加速させるものだ。あなたは、自分の現実のレベルにあるすべてのことに関してワークをする必要はない。より重要なのは、自分がすでに知っていることに向かう道を進み、それによってそれへのアクセスを再び開くことである。

自分自身のその現実に自由にアクセスできるようにワークをすると、常に自分がかつて獲得した能力を再び得ることができる。するとあなた方は他のレベルで得た自分の経験を、このレベルに持ってくることができるようになる。

あなたの存在のすべてのレベルが他のレベルを豊かにする。

我々は深く悲しんでいる。あなた方が長いこと前からすでに自分のものである能力を得るのに今苦労していることを。

ここで鍵となるものがある。『忘却のベールを持ち上げること』だ。（「忘却のベールを持ち上

げるエクササイズ」二十二ページ参照）

あなた方自身の別のレベルの現実へのこのアクセス（それはあなた方の進化のステップである）は、ますます自由にあなた方のものにできるようになっている。

必要なのはただ一つ、数々の扉を探し、そしてそれを開くことだ。

以前は閉ざされていたそれらの扉は、今は解錠されている。

あなた方は、自分たち自身の努力で、ここに自由に到達できるところまでやってきたのだ。

あなた方の集合意識の中で、十分な数の探求する魂たちがすでに集まっており、その力は扉を解錠するのに十分強かったのだ。

それらの扉を、では誰が開くかの決定が、まだ個々人の自由意志の部分だ。

だが、あなた方自身の努力でここまで到達したのだということを知りなさい。

想像せよ。宇宙を大きな図書館のようなものと見なさい。この図書館にはたくさんのさまざまな部屋がある。それぞれの部屋に、あなた方が捜し求めている「それ」に関する無限の知識が蓄えられている。

ただ、自分が何を知りたいのか、その意図が、深い願望に基づいていて、はっきりしていなくてはいけない。

そうした扉の一つを開けて入っていくと、あなた方は結果的に一つの完全なイメージを受け取るだろう。つまり豊かな情報、知識、そして認識だ。それはあたかも、超短期の集中講座のようなものだ。これまでのところ、この知識はあなた方の身体の外側でしかアクセスできない。それはあなた方の脳はその知識の豊かさに対処すらできないだろうからだ。

あなた方が一つのことに関して学んだすべてを自分の物理的な身体に統合するのが可能になるには、身体の面で数週間かかる。であるから、あなた方は自分の物理的な身体は、継続的変容のプロセスの中にあるのだということを意識して自覚している必要がある（身体の反応を理解するために）。
すでにこうした扉を通り抜けたことのあるあなた方のうちの多くは、自分の身体が変容するには時間がかかるということを知っているに違いない。

このことを過小評価しないようにしなさい。それは大仕事であり、身体はまだ知識をすぐに統合できる能力を有しない。

・・・・・・・・・・・・・・

真の知識は常に経験と結びついている。

8

あなた方の監獄の一つ、それが「死の恐れ」だ。

あなた方一人ひとりがその中にとらわれている。その監獄はある人にとっては大きく、ある人にとっては少し小さい。しかしそれはあなた方全員に存在する。

たとえあなたがすでに、自分は肉体を超えたところに存在すると知っていたとしても、あなたの身体の中の細胞一つ一つがその恐れに影響されているのだ。

身体は、あなた方がすでにどの程度そのことに関してのスピリチュアルなワークをしてきたかに関係なく、死の恐れに対応する状況に置かれると、あなた方を引き止めるだろう。これまでのところ、この恐れがあなた方の細胞を低い振動にとどめてきている。

そのため、それがあなた方が住む最大の監獄になっている。

それにより、あなた方が動く能力全体が限られている。

想像せよ。一つの細胞を。その片方の端は、黒く重いバンドで囲まれている。それが死の恐れだ。

だが、あなた方の細胞一つ一つがそういうふうに見える。

もし一つの細胞も、もはやそのバンドを持っていなければ、あなた方はたとえば、身体ごと空中浮遊ができているだろう。

我々がこのことをあなた方に話しているのは、あなた方の解放のプロセスを説明するためだ。

今と反対に、あなたは身体の中の一枚の羽のように感じるだろう。そして知ってのとおり、羽は空中を滑走する……

そのためには、自分自身を永遠と経験するだけでは十分ではない。あなた方の惑星とのつながりを築かなくてはならない。

死の恐れを克服するには、あなた方は多くのエクササイズを必要とする。

そのためには、あなた方が自分の細胞に働きかけ、同時に地球の振動と自分自身をつなげて、地球の高い振動を吸収することが必要になる。

それにより、一つ一つの細胞がその振動を高め、それが死の恐れの効力の不活性化を起こす。

◎死の恐れをなくすエクササイズ

可能であれば、自然の中に行って地面に座ってください。

目を閉じ、自分の身体に意識を集中します。

自分の体細胞たちに魂・スピリットの自分をつなげてください。

同時にあなたの身体の中で何十億の細胞たちが振動しているのを意識してください。

もしも可能なら、その振動を感じ取りましょう。

ついで細胞たちに、地球のより高い振動に自分たちを開いて、自分の中にそれを流し、それによって自分たちの中に溜め込まれた死の恐れをどんどん手放すように依頼してください。

それから、現在可能な限り、地球とのつながりを内面的に確立し、自分の身体の中のすべての細胞にあなたの振動を送ってくださいと地球に依頼します。


身体は、もしあなたがそれを許可することができれば、地球のエネルギーを非常に早く吸収する。しかしながら、これをあなたが意識的に感知するまでには時間がかかるかもしれない。

最初に、あなたは「あなたの」死の恐れに出会うだろう。この恐れを感知したら、それと共にとどまりなさい。あなたの身体が震え始めたら、あなたは自分の「**真の自己**」を経験するところまでもうすぐというところに来ている。
・・・・・・・・
鍵は、逃げ出さないこと!

あなた方が地球と共に振動するとき、それはあなた方の細胞システムに多大な効果を持つ。

その高まった振動のおかげで、細胞たちは自分の死の恐れを放棄することができる。

そしてあなた方がこれをすればするほど、あなた方の身体は変わるだろう。


あなた方の身体の細胞たちは、それ自身一つ一つが太陽のようなものだ。この恐れを取り除いてより高いレベルで振動する細胞一つ一つは、最大の輝きを放つ太陽のようなものである。

あなた方がこれをすればするほど、あなた方はより明るく輝く自分自身を経験するだろう。

そのときはじめて、あなた方の身体は、自分の現実を経験するのにふさわしい乗り物となる。


なぜなら、今こそ、あなた自身を一つの、そしてあなたの物質的身体の中にある一つの

光の存在として経験するときだからだ。

人類にとっての「新しい機会」が今ここにある。あなた方が自分の「**真の自己**」を、物質的なあなたの身体と共に経験する機会だ。

これが、進化の次のステップである。

あなた方の多くはすでに自分自身を身体の外側で経験することができる。だが、自分たちの身体と共に、ではない。

その対極は、多くの人々が自分自身を身体の外側で経験することがまったくないことである。

存在の全体性というのは、ほんとうに美しいものだ。そこには今まであなた方の物理的な目からは隠されていたものが含まれている。

人類にとって、今が物質的身体の中にありながら、その美を経験するときなのだ。

これは、あなた方の種が必要とする展開である。

これをあなたのスピリットの方向性としておきなさい。

このプロセスのために重要な色、「緑」で自分を囲みなさい。
あなた方が自分のパワーにアクセスするためには、この色が必要だ。
もし緑が不足すれば、あなたのパワーもそれに伴って不足するだろう。あなた方にとって最善なのは、自然の中に行き、草木の緑を自分の中に吸収すること、あるいは緑色を着ること、あるいはその色を想像することだ。

あなた方が、あなた方の草木が破壊されるのに対抗して戦えば、あなた方は自分自身のために戦うことになる。なぜならあなた方は、この破壊は自分自身の破壊に似ていると知っているからだ。

「緑」がなければ、あなた方は自分の物質的な身体の中に存在することはできないだろう。

存在するものすべては、色に結びついている。

すべてのものが同じ源から来ている。あなた方は「緑」の色と共にやってきて、それは常にそうであった。その色は、あなた方に自分たちがどこから来たかを思い出させてくれる。

すべての種がそれぞれの色に結びついている。

我々の色は青だ。

あなた方が自分自身を「**真の自己**」として経験するために、この方向で成長していけばいくほど、あなた方の身体は変わるだろう。あなた方はそれから、自分と完全にマッチするようになるよう、あなた方の身体を創造し始めるだろう。

あなた方人類は、何でも欲しいものを「創造する」能力を持っている。それに関して、あなた方はたいへんパワフルだ。なぜならあなた方は感情（エモーション）を有するからだ。

我々も自分たちの進化の過程で、そこを経た。

我々は現在、身体を使いたいときだけそうする、という進化の段階にある。

我々は自分にとって最も適した身体を創造することができる。今、それはむしろ楽しい遊びのようなものだ。

あなた方もそこに向かって成長することだろう。

9

あなた方がすでに知っているように、「**真実**」はシンプルで容易なものだ。

真実、つまりあなた自身の個人的真実を経験するためには、「シンプルさ（**SIMPLICITY**＝平易）」が重要な鍵である。


基本的に、あなた方は、新たに加えるべき学びよりも、手放すべきことのほうが多い。

あなた方のほとんどは、命・人生（ライフ）について、あなた方が習ってきたような、さまざまな意見であるとか想像とかイメージのために、「**真の自分たち**」から、切り離されてしまっている。

一人の人間が、一本の木について、ある特定のイメージや意見を念頭においてじっと見つめるとき、彼あるいは彼女はその木を本質的には認識することができない。それは不可能だ。

我々があなた方に与えるものは、「平易《シンプリシティ》への道」である。平易の中で「**すべて**」が認識可能であり、目に見えてくるのである。

あなた方はこれまで多くの考えや意見や見込みを世に導入してきて、それが全員をとても忙しくさせている。

こうなんじゃないかという先入観に没頭しているため、「そこにある、それを経験すること」があなた方はできなくなっている。

その「没頭」はあなた方の頭の中で毎日起きている。

その没頭の間中、あなた方は「**自分が何なのか**」そして「**在るもの**」を見つけることができない。

あなた方の多くは、自分が信じるように、その没頭に自己依存している。なぜなら彼らは、それと生きていることを関連づけているからだ。それは誤った結論だ。

真に生きるということは、あなた方の「**真の自己**」に気づいているということを意味する。なぜなら、そこにこそ生命《ライフ》があるからだ。そのことを、あなた方のほとんどが認識していない。

加えて、これは、たいへん故意にそのようにされているのだが、あなた方がその光源、あなた方の本来の生命の感覚を経験できないように、あなた方は常に忙しくさせられている。

そうしているのは、各国政府や、情報伝達を担当する省庁の内部の権力者たちだ。中でも特に法律は、あなた方を常に不安にさせるように公布され続けている。

その目的は、あなた方をコントロール下に留め置くことだ。

あなた方の、いわゆるリーダーたちの多くは、今これまでにないほど無意識的にそれを実行している。ひとえに、その「没頭」が続くように。

国家が別の国家に対して、そうしている。

他には、個人が他の個人を忙しくさせている。

これは循環で、一人がそうしてそれが別の人に移っていく。あなた方はその循環の監獄にとらわれているのだ。

それゆえ、もうそうした没頭の中に身を置かないことだ。真に没頭のない状態になることだ。

それが、命の経験、あなたの真の自己。

それゆえ、我々は何度でも強く言う。

最も重要なのは、没頭、放心、そしていわゆる快楽に「寄り付かない」ことだ……あなた方がその循環から自分を解き放てるまでは。

たくさんの方法であなた方に提供されているコミュニケーションや情報から、できるだけ距離を取りなさい。

すると、あなた方のマインドは落ち着く。

するとあなた方は経験ができるようになる。

この関連性をあなた方が認識することが重要だ。そういう理由で、我々はあなた方に「暗い中で瞑想」することを勧める。つまり、自分自身の身体の感覚がない状態で瞑想するということだ。

沈黙の中にあることで、あなた方は「在ること」、自分の「存在」を、より早く経験できるだろう。

そこであなた方が再び味わうであろう感覚は、「重要な導きの力」である。

なぜなら、その境地を知れば知るほど、あなた方にとってそれを再び見つけるのがより容易に、そして「いかなる状況においても」可能になるだろうからだ。

すると、あなた方は、「いつ」自分が観念世界（頭の中の世界）に入っていくのか、また「いつ」自分が自然な状態で存在しているのかを区別する能力を得て、その区別がはっきりしていくだろう。

このようにあなた方は、その時点の状況に適合しているツールを、状況に応じて使い分けることを学ぶことができる。

あなた方のほとんどは、自分自身の深みを経験する訓練を受けてこなかったために、「**真の自己**」を見失っている。

すべてはそこにあるのだ。あなた方がそれに手を伸ばさないだけだ。なぜなら、あなた方は何かを感じる代わりに考えるように訓練されているからだ。

であるから、あなた方が自分の感情のシンプルさを再発見することが重要である。

10

あなた方が、自分の中で「静か」であれば、自分自身を「**永遠の存在**」として、最もよく経験できる。

瞑想をしている間が、それを最もよく達成できる。

するとあなた方は、自分自身の中に「空《くう》」を発見するだろう。その空を探しなさい。臍《へそ》の辺りで、あなた方はそれを経験することができる。

この空を意識的に認識している人は、ほとんどいない。

が、それはとても必要だ。なぜなら、その空から「**すべて**」は創り出されるからだ。空は、スペース（空間）の経験と結びついている。このスペースを経験することなしには、その空間を埋めるもの、つまりあなた方の「**真の自己**」を完全に把握することはできない。

そして、あなた方が自分自身を永遠の存在として経験できるのは、まさしくその空の中においてなのである。

この空を経験することが、あなた方を真の充実の経験に導くための重要な鍵であり、あなた方を、非存在（non-being）の状態にまず最初に導く一人の「教師」である。

あなた方はこの空を「無」として経験するだろう。

だが、この無はすべてを包含する。


あなた方は、この空を感じないように訓練されている。

それゆえ、あなた方は自分がこの空を感じないで済むように、自分にありとあらゆるものを与えている。

あなた方は、この空を感じることを学んで来ていないのだ。

あなた方は、できないのだ。

あなた方は、権力を持っていてあなた方を「統治・支配」している人々があなた方に提供しているものを吸収するように訓練されている。この空を感じないようにするために。

彼らはあなた方に言う。いろいろな物事で快適でいなければいけないと。あなた方はそういう物事を必要とはしないのだが。

あなた方に、この空を経験するに十分な勇気があるなら、あなた方はそこから外に踏み出すことができる。

想像せよ。あなたは、素晴らしく光り輝くクリスタルのようだ。自分をそのクリスタルとつなげるためには、そのクリスタルを取り巻く境界線を踏み越えなくてはいけない。

このイメージの中のクリスタルは、あなたの純粋な本質の表現である。

この本質が、さまざまな認識や誤った意見や誤解が幾層にもなったものに覆われている。

そうした誤解は、あなた方人類がいろいろなソースから吸収したあなた方の存在に関する情報と、そこからあなたが形作ったものに基づいている。

◎空《くう》を抱擁するエクササイズ

静かな場所で座り、目を閉じてください。
あなたのお臍の辺りに注意を向けてください。
そうすると、意識してその辺りで呼吸することがしやすくなるでしょう。
シンプルに、自分の思考を巡らせておいて、それらに重きを置かないこと。
意識をお臍に集中し続けて、その瞬間瞬間に感じていることを何でも、
そのままに感じましょう。

あなた方がこの空を感じ始めるとき、おそらくは痛みを感じるだろう。それは、あなた方がとても長いこと自分の元に無くて寂しく思っていたものを示唆している。あなた方はその痛みを恐れている。あなた方はそうした痛みを感じることを自分に許可しなくてはいけない。そうするとあなた方は、「死の恐れ」に到達するだろう。

この境地に達したら、あなた方は「空」そして「**すべてなるもの**」の経験に近づいているだろう。その痛みと共にとどまりなさい。去ってしまわないこと。あなたはすぐ近くにいるのだ。

この恐れを通り抜けて進むためには、入口は恐ろしい絵や仮面で飾られている門のようなものだ、というふうに意識して気づきなさい。しかし、扉にあなた方が手を伸ばした瞬間に、それは自動的に開く。あなた方がしなければいけないのは、手を伸ばすことだけだ。

あなた方はこの空を経験するのをひどく恐れている。それは、あなた方が自分たちは死ぬ、と信じているからだ。あなた方のほとんどは、その感覚を恐れている。

クリスティアン・ラー

深い瞑想状態の間に、私はすでに数回、トラウマ的な恐れを経験していました。その圧倒的な恐怖感のために、私はどうしても瞑想を切り上げずにはいられないのでした。

私はその恐れのことを理性的に考えることすら、まったくできませんでした。**マスターズ**から、私が直面したのは自分の、死の恐れだ、ということを教わって理解するまでは……

しかしながら、あなた方がこの空を感じるとき、あなた方は意識を取り戻して生き返ることになる。

この空の中で、あなた方は自分が「**すべて**」であることを経験するだろう。あなた方が、空に自分自身をつなげるとき、あなた方は自分を「**すべて**」とつなげ始めるのだ。

人類の最大の願いは、いま一度、すべてにつながることなのだ。

11

自分自身を経験するために、あなた方を助けうる重要なツールが一つある。それは、別の種類の思考、つまり、自分に適した、そして自分にとって自然な考え方だ。

ここで我々は強調しておきたい。あなた方が、自分のこれまでの思考プロセスと、自分がどんなふうに訓練されてきたかを理解すること、そして自分の思考を自分のためになる道のほうへ誘導するのを学ぶことが、いかに大切であるかを。

あなた方の大多数は、考えながら育ち、また思考の中に住んでいる。あなた方は思考するように訓練されているのだ。

あなた方の周りにあるものはすべて、思考のための食べ物である。

あなた方は思考の中へ押し込められてきており、それであなた方は不安になっているのだ。

あなた方が理解しているような思考のプロセスは、底なしの穴であるということを理解しなくてはいけない。

あなた方が理解しているところの思考が、あなた方の存在の大半を占め、あなた方を先に進ませない。

その一つの結果が、あなた方が自分の成長プロセスにおいて自分のためになるようにそのツールを使うことを学習したことがない、ということだ。もう一方の結果は、あなた方が直線的に、つまり「原因」と「結果」というふうに考えるように訓練されている、ということだ。

あなたが何かをする、すると、反対側にその影響が反映する、というように。

そしてまた、「始まり」と「終わり」があるというように。

始まりと終わりは、一つの幻想である。

それはあなた方がとらわれている罠だ。時の幻想という罠だ。

あなた方が思考の中で受けてきた訓練は、時の中でしか存在できない。あなた方の思考は時の幻想と関連しているのだ。それが、ほとんどの思考が幻想である理由だ。


あなた方の思考は、けっして今にはない。

そうした考え方は、何も生まない。

あなた方が実践している考え方が、「経験」からあなた方を遠ざけているかのように見える。

そしてそれが、あなた方が経験をできずにいる理由なのだ。


経験というものには、始まりも終わりもない。経験はけっして過去のうちにも未来のうちにもない。

あなた方は経験を得ることができない。なぜならばあなた方が普段の考え方のせいで「今」にいないからだ。

『今、ここにいたい』と考えるだけではうまくいかない。そんなふうに自分に話しかけても助けにはならない。いつもの自分の思考のパターンの外側でしか、あなた方は経験を得ることはできない。

あなた方のいつもの考え方は、時と結びついている。それが、あなた方が自分自身を永遠として経験することをできなくしている。

あなた方が時の外側に踏み出せば踏み出すほど、訓練されてきた思考方法が停止していく。もう存在できなくなる。

時の外側に踏み出すことは、「在るもの」について「明瞭」な理解を可能にすることを意味する。

「**自分が本当は何なのか**」に戻る道を見つけるには、時を克服することが必要だ。

であるから、できるだけたくさん自分に時のない局面を与えなさい。

そうすればするほど、あなた方の脳は変わるだろう。あなた方が慣れている種類の思考から抜け出し始める。

直線的思考を止めたときにのみ、命が経験できる。

あなた方の惑星の上であなた方が作り上げたものを見ると、すべてが四角形であるが、それこそ直線的思考の表現であって、それは制限されているし制限する。あなた方がはまってしまっている直線的思考から成長して抜け出すには、なるべく頻繁に「丸」の中に居続けるか、「螺旋《らせん》（スパイラル）」を描いてその上に座って、または螺旋を頭で思い描いて、瞑想することが重要である。

あなた方は円で考えることを学ぶ必要がある。あなた方の脳はそのように形作られている。あなた方の脳は、螺旋のように作られていて螺旋のように機能する。あなた方の脳内には直線は一本もないのだ。

◎螺旋を内在化させるエクササイズ

左回りの螺旋を、一枚の紙に描いてください。

あなたの好きな色を使って。

沈黙の中で、その螺旋を何度も繰り返し見てください。


螺旋の形と深くなじみになりなさい。

それが、あなたの脳が、脳は何のために作られたのかを思い出す助けとなる。

あなた方が螺旋の軌道に沿って考えれば考えるほど、あなた方は自分の「**真の自己**」に近づく。

あなた方がこれまで訓練を受けてきた思考プロセスは、通常は次のようなものだ。あなたは一つの考えを取り上げて考え始める。『もしこれがこうなんだったら、これはこうでなくちゃならないな』。その考えは原因で、あなたは結果を思考する。

それがあなた方を、非現実の中にとどめる。あなた方人類は、そのようには作られていない。

「新しい考え方」は、次のように働く。あなた方は単純に一つの考えを吸収し、それをそこに留め置いて、それが自分のために働くに任せる。

想像せよ。あなたが石を池に投げ込むと、丸い輪が次々生まれる。直線ではない。新しい思考は、もしあなた方が直線的に考えることによってそれを止めてしまわなければ、そのように働く。

◎ 螺旋の形で考えることを学ぶエクササイズ

目を閉じて、自分の意識を内側に集中させます。

一つ新しい考えを自分に与えてください。たとえば「私は光の存在だ」と。

この新しい考えが、自分の脳の中でどのように螺旋状に動くか、想像してください。

この流れが起きるのに単純に任せて、その動きを自分の全存在の中で感じてください。

この考えにはどんな効果があるのかを見つけようとするのはやめなさい。それはその効果をストップさせる。

あなた方が、その考えがみずから動くに任せておけばそれだけで、他のすべての考えにもその影響が及ぶ。

そのようにして、すべての思考パターンがこの新しい考えに触れられ、それによって変化する。

変えることを目標にする必要はない。変化は「自然に」起きるだろう。


あなた方が結果に精神を集中すると、あなた方は直線的思考にはまり込んでしまう。

もしあなた方がこの新しい方法のエクササイズをすれば、それはとても自然なプロセスになるだろう。その考えを、ただ、螺旋に入れなさい。期待もプレッシャーもなく。するとひとりでにうまくいく。その考えを循環させておけば、他のあれこれの考えのすべてに「波及」していく。

その新しい考えの内側に解決策を見つけようとしないようにしなさい。

変化は、起きるに任せることと許可することによって生じる。
はっきりさせるために一つの例を挙げよう。あなたはこれまで、地球が一つの自立した意識を持つ存在だということを、一度も聞いたことがなかったと仮定しよう。あなたはこの新しい考えを吸収し、それをあなたの内側で循環させる。これまでその知識を持たなかったためにあなたが作ってきた思考、態度、意見などは、この新しい考えの浸透を受け、それにより色合いを変えるのだ。

あなた方の多くは、新しい考えの数々を吸収はするが、古いものも相変わらず残っているという経験をしている。あなた方の直線的思考では、新しい考えは古い考えの周りを巡りはするが触れることはなく、そのため、古い考えへの「貫通」が起きないのだ。

想像せよ。一つの独楽《こま》がある。この独楽の目的は、回転することだ。しかしこの独楽は、一直線上を前後に移動することにしか慣れていない。そのため、それは、もともとそのために作られている、回転という本来の機能を果たすことができない。

あなた方の多くにとって、原因と結果という考え方を手放すことは難しい。あなた方は結果・解決を探し求め、それに固執することを欲するが、実はその「解決」は思考を螺旋形状に働かせることの中にある。

これまで循環的思考を学んでこなかったため、あなた方は自分の能力のごく一部しか使うことができずにおり、それがあなた方を真の現実を経験することから遠ざけている。

思考の自由は、あなた方が思考を行動に移すときに、始まる。

あなた方がこのプロセスで訓練を積むにつれ、あなた方は別種の学びを始めるだろう。

そんなふうにあなた方の思考を変えるのには、眉間に螺旋の形を内在化させるのが助けになる。（真ん中の直径が小さく、両端に行くに従って大きくなる螺旋だ。）この目的のためには、青い色を使いなさい。そして、その永遠と無限の意識に成長するため、また、あなた方がはまり込んでいる直線的思考から脱却して成長するためには、すべての存在も一つの大きな螺旋なのだということに意識的に気づくことも必要だ。

すべての命は、一つのホログラムの螺旋形の中で作り出されてきたのだ。

それぞれの次元は、固有の螺旋である。

ご愛読者カード

ご購読ありがとうございました。このカードは今後の参考にさせていただきたいと思いますので、アンケートにご記入のうえ、お送りくださいますようお願いいたします。

小社では、メールマガジン「ナチュラルスピリット通信」（無料）を発行しています。
ご登録は、小社ホームページよりお願いします。**https://www.naturalspirit.co.jp/**
最新の情報を配信しておりますので、ぜひご利用下さい。

●お買い上げいただいた本のタイトル

●この本をどこでお知りになりましたか。

1. 書店で見て
2. 知人の紹介
3. 新聞・雑誌広告で見て
4. DM
5. その他（　　　　　　　　　　　　　　　　　　　　　　　　　　　　）

●ご購読の動機

●この本をお読みになってのご感想をお聞かせください。

●今後どのような本の出版を希望されますか？

購入申込書

本と郵便振替用紙をお送りしますので到着しだいお振込みください（送料をご負担いただきます）

書　籍　名	冊数
	冊
	冊

●弊社からのDMを送らせていただく場合がありますがよろしいでしょうか？

□はい　　□いいえ

郵便はがき

恐縮ですが切手をお貼りください

1 0 1 - 0 0 5 1

東京都千代田区神田神保町3-2
高橋ビル2階

株式会社 ナチュラルスピリット

愛読者カード係 行

フリガナ		性別
お名前		男・女
年齢	歳	ご職業	
ご住所	〒	
電話		
FAX		
E-mail		
お買上書店	都道府県　市区郡　書店	

我々、**ピラミッドの師たち**も、時の外側の、一つの螺旋の中で生きている。

あなた方は、この「**すべて**」のうち、小さな一部分の中でのみ生きている。

あなた方は、一つの次元の中で生きている。でもあなた方は無限の多次元を経験することもできるはずだ。

あなた方が、自分たちは一つの螺旋の中で生きているのだということに意識的に気づいたときにのみ、あなた方はこの次元を離れて他の多次元を探し求めることができる。

その新しい考え方に入っていくには、あなた方は考えることを止めなければならない。

あなた方がその方向に向かって自分を教育することが重要だ。特にこれまでずっと、主に考えることを教育されてきたわけだから。

それが、あなた方が「**あなたというもの**」として自分自身を経験することをできないようにしている。

これまで、あなた方は自分が何なのかを考えてきた。

それが、あなた方が命を経験することをできなくしている。

『私はそれについて考える』というこの文章を変えなさい。**『私はそれについて感じる』**に。

これは、あなた方の一つの自己教育である。

あなた方は、「感じる」ように自分を教育することができる。

あなた方が「それについて考える」と言うとき、あなた方は思考を始める。

あなた方の完全潜在能力とパワーに立ち戻るためには、あなた方が自分の諸感情（エモーション）に入っていくことが重要だ。あなた方の存在の中で、それらに十分なスペースを与えなさい。

あなた方が何かを決定しなくてはならないとき、あるいは何かについてはっきりしないときはいつでも、自分に「**それについて感じる**」スペースを与えなさい。

・・・・・・・・・・・・・・・・・

あなた方がそれについて感じ始めると、明瞭さが立ち上がってくる。

あなた方が、静かな時間を持ち、沈黙のうちに何かを感じるときには、機械的な感覚（目、耳など）に、普段ほどの力を与えないことが重要だ。

我々はあなた方に、それを沈黙と暗黒の中で行うことを提案する。

あなた方が慣れている目や耳を使うやり方は、いつもの考え方、つまり直線的思考を助長する。

それを克服するには、目や耳にあまり注意を向けないことだ。

あなた方の多くは、自分の感情と思考の間の分離を感じて、不満を訴える。

その感覚はあなた方が学んできた考え方に基づいており、したがって不自然に感じられるのだ。

あなた方の感情は、通常の思考方法と衝突する対応形を所有している。

感情もまた、螺旋形状なのである。

想像せよ。これはまるで、あなたが一つの円を、それにとっては小さすぎる箱に入れたいと思っているようなものだ。

あなたが、自分の思考が螺旋の形になるのに任せられる度合いに応じて、あなたは思考と感情の間のつながりを可能にできるだろう。それ以外のやり方では、それは不可能だ。

あなた方がこの共存を進展させるとき、思考と感情の間の分離はもうなくなるだろう。

すると、あなた方が知っているような思考はすたれる。

思考はそのとき、あなた方が知っているような思考ではもはやない。

それを達成するには、沈黙への道を見つけることが不可欠である。

ほとんどの人々は、忙しすぎる、と考える。

忙しいのはマインドであり、さまざまな考えである。

「沈黙」の中においてのみ、あなた方はそのサイクルから脱却できる。

自分自身と命を、その本質的な形において経験するには、可能な限り多く、沈黙のスペースを自分に与えなさい。

それゆえ、あなた方のほとんどにとって、瞑想することがよい。

その間は、お臍の辺りに意識を集中しなさい。（八十四ページ「空を抱擁するエクササイズ」参照のこと。)

その辺りで、あなた方はすべて、つまりあなた方の意識、記憶、自分の出自、へのつながりを見つけることができる。

あなた方のほとんどは、その辺り、消化に問題を抱えている。これは主に、あなた方がその辺りに意識の上で気づいていないという事実によるものだ。そこに意識が持てるようになれば、あなた方は、何が自分の身体によくて、何が悪いのか、正確にわかるだろう。するとそこにもう、疑念はなくなる。考えるとき、あなた方は疑う。

あなた方が、自分は光の存在なのだという意識になればなるほど、あなた方は自分が何を必要とするのか、必要としないのか、わかるだろう。

あなた方の進化の過程を通じて、あなた方の脳はとても不活発になってきた。それゆえ、あなた方が自分の脳を活性化させることがたいへん重要である。そのためには、脳の両方の半球の振動が高まるように、両脳がより活性化される必要がある。するとあなた方はより多くのことを同時に理解することが可能になる。(これは「忘却のベールを持ち上げる」エクササイズと同じ問題に関わるものだ。）

あなた方を「**すべて**」に対処できるようにするという点で、このことは重要である。

あなた方の脳がその高いレベルで振動することがなければ、あなた方は現実を入れるには小さすぎる聖杯のようなものだ。

あなた方の脳がより高いレベルで振動するとき、その聖杯は広がり、より大きなものが入ってくることができる。

12

あなた方は、何かを学ぶとき、常に何か特定のものが結果として生じるという事実に慣れている。

あなた方の多くは、自分の発展をそのシステムによって判断《ジャッジ》するが、そのために自分自身の発展に向かって自分を開くことができない。

あなた方が学んできたそのシステムは、はしごにたとえることができるだろう。あなた方の成長は、そういうふうには運ばない。あなた方の成長は、「原因」と「結果」では測れないのだ。

あなた方は、自分の成長を螺旋の形で見なくてはいけない。またあなた方は螺旋の形で考えることを学ばなくてはいけない。

あなた方は、箱の形で考えることを学んできた。


この思考パターンによる、この理由で、あなた方の多くは自分の発展が見えない。

それゆえ、あなた方は自分自身を把握できない。

あなた方がどれほどがっちりとその思考パターンにとらわれてしまっているか、よく理解しなさい。


あなた方が「忘れる」こと、自分にとって有益でないことを忘れることが不可欠だ。

あなた方の多くは、古いものにしがみついている。

そういう人間に新しいものは沁み込んでいかないだろう、というのが事実だ。それは、原因と結果、始まりと終わり、という、その人間の直線的思考ゆえだ。

成長とは、拡張を意味する。

自分自身を、拡がり続ける螺旋として見なさい。

その意味での成長は、測ることはできない。ただ、感知されるだけだ。あなた方は、拡張したと感じる。あなた方はそれを、自分の身体の中でも経験することができる。それは、あなた方の内側でのより大きい拡張の経験だ。
あなた方は、より多くの光を持って輝く。

想像せよ。一輪の花が、新しくその花びらを一枚開き、それによってより大きなスペースを獲得していくところを。

誰かと久しぶりに会ったときに、あなた方はその人が拡張したかどうかを感知する。あなた方の多くは一つの拡張のプロセスに関わっているが、四角く考えることを学んできたがゆえに、この拡張のプロセスの中の自分自身を経験することがない。
であるから、我々はそれについて話す。なぜなら、意識的な拡張の経験が、あなた方が自分自身を「**光の存在**」として経験するためには、決定的なまでに重要だからだ。

自分自身をそこで経験するときのみ、自分の価値を認識して十分正当に評価することができ、あなた方の潜在的可能性を生きるための力を得ることができる。

13

我々があなた方に伝えたいのは、さらに進んだ種類の思考、「**直観的思考**」である。

それは、ある意味、もはやほんとうの思考ではないから、理屈に反するように見える。

直観的思考が、何にもまして必要とするのは、内なる「聴く」能力である。

あなた方の大多数は、耳を傾けて聴くという能力を失った。

あなた方は、耳で聞こえるだけのように訓練されてきた。

耳が聞こえるだけでいると、あなた方は、これまで訓練されてきた種類の思考方法でマインドにつながることになる。

「聴くこと」は、常に感情的つながりを伴う。

考える者も耳は聞こえているけれども、聴くことはできない。

聞こえるだけの者は、考える。

耳を傾けて聴く者は、感じる。


「聴くこと」によって、あなた方の思考器官は楽器となり、それがあなた方を認識へと導いていく。

「聴くこと」は、あなた方の真実にあなた方を近づける、一つの形である。

あなた方が聴くとき、あなた方は自分の「**真の自己**」とつながっている。


「聴くこと」が、「再学習」「再発見」されたがっている。

この状態を目覚めさせるための手始めは、静寂の中で「聴くこと」である。

その状態に慣れた者は、次に、静寂でない中で聴くことを学べる。

聴くという芸術の達人は、さまざまな音響や騒音に満ちたどんな場所でも、自分の聴き取りを続けることができる。

「聴くこと」は、あなた方の全身で起きる。

自分の耳だけで聞きたいと欲する者は、聴き取ることはできない。

その状態を再び経験するには、自分自身を、一つ一つの振動に共鳴するボンゴ（ラテン音楽の太鼓）のように見ることが役に立つ。そうすると「聴くこと」を経験しやすくなる。あなた方は、本来、光の存在であるから、聞くのではなく聴く存在である。あなた方が今知っているように耳でだけ聞くと、それはあなた方をこの経験から遠ざけてしまう。なぜなら、それは機械的な聞き方であるからだ。まさしく、あなた方の機械的思考のように。

そうして「聴くこと」はあなた方により繊細な振動をもたらし、あなた方の思考は自然にその「聴き方」に同調していく。螺旋形状の思考という浸透可能な状態に至るためには、これがもう一つの重要なインプットである。

あなた方にもわかるだろう。我々はあなた方を本来の感覚に戻そうと、あらゆる努力をしていたのである。

明白な感覚を過度に強調することが広くいきわたっている。それゆえ、あなた方のほとんどは、静寂を退屈と結びつけて経験する。なぜなら、そうなると外側の感覚はやることがなくなってしまうからだ。

あなた方は今、このハードルを認識して克服しなくてはいけない。

想像せよ。石が水に投げ込まれるときに立てる大きな音を耳にすることに慣れている者は、その音を水の音と結びつけている。その者は水自体が生む繊細な調べを経験することはできない。石が立てる音からしばらく距離を置く者だけが、繊細で多彩な水の調べを知覚し始めるだろう。

これをより大きな構図で表現しよう。あなた方は不断の、そして永遠に続くコスミック《宇宙の》・コンサートに包まれている。あなた方は、このコスミック・コンサートを最大限のレベルで聴くことが可能である。「**光の存在**」としてのあなた方は。

一つ一つの星、一つ一つの惑星の音を聴き取ることができる。惑星、銀河、宇宙の協奏は、素晴らしい共鳴のコンサートである。

あなた方はこんな練習もできる……一つの星に意識を集中して、その音に耳を傾けるのだ。

あなた方がそこに到達すると、一歩一歩、この壮大なオーケストラの音が一つまた一つと聴き取れるようになるだろう。

自分自身を聴くことを学ぶことによって、あなた方の兄弟姉妹を聴くことも学ぶことができるだろう。（あなた方のほとんどにとって、これは、植物や星を聴くことよりも難しい。なぜなら、植物や星は静寂の中にあるためだ。それらのほうが練習の対象としてはよりよい。）

・・・・・・・・・・・・・・・

瞑想があなた方を聴くことに導きうる。

聴くことは、一つの能動的な意識行動である。

14

あなた方の身体の目は、その作られ方から言って、単に機械的に働くものだ。それは、あなた方が身体を持ってあなた方の世界の中で方向づけや定位ができるように、そこにある。

あなた方は、自分たちの目で把握できるものの中で、ライフ（生、命、人生）を見るように訓練されている。

これを理解することがとても重要だ。なぜならその方向づけの機能が、目から隠されているものはそこにない、という幻想をあなた方にもたらしているからだ。それは、ある友人に、さようならを言うようなものだ。

あなたには、彼・彼女が見えない。したがって、彼・彼女はいなくなった。が実際は、それはあなたの目ではもう、その人物が見えないということを意味するだけだ。であるから、あなた方が目に与えてきた過大な力を克服することがとても重要だ。あなた方は目に大いに頼ることを学んできたので、あなた方の「**本物の目**」であるサード・アイは、真の意味で退化してしまった。

もしほんとうに「見る」ことを欲するなら、あなた方は「目を休める」ことを学ばなくてはいけない。

これが一つの重要な新しい方向づけである。

あなた方は常に視覚的な刺激を浴びせられている。それはあなた方が自分の目を離れることを防ぐためである。

ほんとうに見るということは、あなた方の額の真ん中で起きる。

あなた方はそれをサード・アイと呼ぶ。実のところは、それはあなた方の第一の目、ファースト・アイなのだ……他の二つの目は、世界の中での方向づけという機能を満たす単に補助的な目なのだ。あなた方にとって、自分の「**実の目**」を再発見することが重要である。

◎ 真の目を目覚めさせるエクササイズ

目を閉じて、意識を額の真ん中、眉間にある自分の真の目に集中してください。

この辺りを自覚的に意識してください。

どういう感じか、感覚を働かせます。

同時に、青の色を視覚化してください。


この目は、あなた方のハートと、直接連結している。

まず第一に、あなた方がこの真の目で見たものは脳ではなく、ハートに送られる。

あなた方のサード・アイがあなた方の「**真の目**」であるのとちょうど同じように、ハートはあなた方の「**真の脳**」である。


あなた方の多くがすでに長い間、暗黒の中で瞑想してきている主な理由は、その連結に再び気づけるようになるためである。

その真実は、ファラオの時代のエジプトの文献に記されているのだが、その後再び封印された。

あなた方の「真の目」がどれほど退化しているかは、一人ひとり違う。したがって、一人の人間が「真の目」の完全な意識と機能する力量に至るまでにどのくらいかかるかはさまざまである。

インド文化は、潜在意識的にこの知識を現代まで維持してきた。彼らは今でも「真の目」の印をつける。

あなた方が「真の目」、そして「真の目」と「ハート」の相互作用に再び気づけるように、我々は次のエクササイズを推奨する。

◎ハートと真の目の間のつながりを発見するエクササイズ

目を閉じて、完全にハートに意識を集中してください。

自分の心に今深く触れるもの、あるいはかつて深く触れたもののことを考えてください。

同時に左手指を揃えて胸の真ん中の少し左側の心臓の上に置きます。

右手指で額の真ん中の両眉の少し上にあるあなた方の真の目に触れてください。

ハートに触れることに完全に意識を集中しながら、あなたのハートと真の目の間には双方向性のつながりが存在するということに意識を向けてください。

そのことを、あなたはもしかしたらすでに感じられるかもしれません。


我々がお互いにあいさつをするときには、この（ハートと真の目のつながりを意識する）やり方であいさつする。我々が他の存在たちとあいさつするときもそのやり方だ。するとその他の存在は、我々が知っているということを知る。

これはたいへん重要なエクササイズである。なぜなら、これを学ぶ者は見ることをほんとうに始め、そして変わるからだ。

このつながりを再び思い出すには、エクササイズの始めに、ハートには赤、真の目には青の色を思い描くと助けになる。

15

物理的な意味では、「**ハート＝心臓**」は、有機体全体への供給を担っている。

であるから、物質的ハートはあなた方の物質的な身体の中心に位置しているのだ。

我々がこのことを話しているのは、形而上学的、精神的（スピリチュアル）レベルでも比喩的に同じことが言えるからだ。

そのレベルでも、ハートは中心にある。この場合、あなた方の存在の中心にあるのだ。

であるから、ハート、心臓は、物質的にも非物質的にも、最も重要な切替点だ。


あなた方の意識をハートから切り離すことはできない。

あなた方のハートは真の脳であり、「**すべてなるもの**」がその中に貯蔵されている。

それは、あなた方にあらゆる種類の情報や知識、言い換えれば滋養を与える。

あなた方の「真の目」が開くことによって知識がさえぎられることなく流れることが可能になると、それが起動される。
・・・・・・・・・・・・・・・・・・・・・・・・・・・・・・・・・・・
であるから、自分のハートと意識を持ってコンタクトを取っている人間が最も多く栄養を与えられる、というのが事実である。

あなた方の脳が思考器官として過大に強調されすぎているため、あなた方のハートは十分なエネルギーを受け取っていない。


二本の道を想像しなさい。片方は頭への道、もう一方はハートへの道である。

これまで、エネルギーを与えられてきた幹線道路は通常、頭への道であった。

あなた方が本来あるべき姿であるためには、逆でなければならない。

幹線道路がハートへ至り、脇道が頭へ至るというように。

あなた方のハートに触れるものは、あなた方の存在全体に伝えられる。

あなた方のハートに触れる経験の一つ一つが、すべて一つの「拡張」として蓄積される。

ここで、触れると言うとき、我々は心地よいと見られる接触だけを意味しているのではない。


あなた方の多くは、ハートの辺りに傷を負っている。

それにより、あなた方は主に二つのレベルを経験する。

真の現実は、あなた方がハートの振動の外に存在するものはすべて、痛みとして感じられる、という経験の中にある。

一方で、あなた方の普段の思考は、痛みをかわし避けたいと欲しながら同時にその痛みにしがみついているという困難にあなた方を導いていく。
・・・・・・・・・・・・
このしがみつきは、時と関係がある。


あなた方は、過去あるいは未来の観点から思考されるものにしか、しがみつくことはできない。

そのことが、あなた方が純粋に物質的レベルで知覚し、そして、それからあなた方の思考構造ゆえに刺し傷のように経験する痛みを引き起こす。

直線的思考を克服することが同時的に、この痛みを克服することを意味する。

非物質的レベルでは、痛みは、ピンでちょっと突いたのに等しい短い認識である。

しかしながら、その質は違う。なぜならそれは単なる純粋な意識だからだ。

もしもあなた方が、ハートが透明でコスミックな存在であると理解すれば、これらの痛みを伴う経験を取り入れなくてはいけないということは、ひとえにあなた方の拡張と強化につながるはずである。

しかし、しがみつかれた傷は防御の盾のように働いて、ハートが気づくのを妨げてしまう。その結果、欠乏が生じる。ハートが必要とする十分なレベルの栄養を手に入れることができないからである。

そうした傷は、現実的であり、同時に非現実的でもある。

純粋に物質的なレベルでは、それは現実である。

非物質的レベルでは、それは非現実である。

あなた方が肉体的レベルで感じる痛みは、あなた方の「**真の自己**」には対応しない。

そうした傷は、特に時と結びついている。

時の縛りが、傷を手放すことを難しく激しいもののように見せる。

であるから、傷を癒すためには、時の幻想を克服することが重要な鍵である。

あなたの「**真の自己**」の経験の中で、あなたは相対的な光のもと、傷とその結果の凝固を見ることができる。


この本の中にあるものはすべて、ハートの癒しと、ハートに気づけるようになること（その両者は同じものである）に直接役立つ。


あなた方の真の目とハートが完全に開き、相互に結び合い、あなた方がその状態に意識の上で気づくとき、癒しに到達する。

気づきはそのように開くことによって起こり、そして気づきは癒しなのである。


すべては、ハートが、あなた方がそれに集中しなくても、より大きなスペースを持つことにつながっていく。そして、これはまた、それに応じた明るさ、光への道である。その道を我々はあなた方に示しており、あなた方はそれを受け取るに値する。

16

あなた方のほとんどは、訓練されて信じるようになった。
人生は快適でなくてはいけないと。

あなた方は、檻の中での暮らしが快適だ、と習う。
この檻は、あなた方がそれよりよいものをまったく知らないために、とても強力だ。
檻の中にいる間は、あなた方はそれを信じる。

あなたが檻の一つめの窓の外を見始めるとき、あなたはそれをそれほどは信じなくなるだろう。

しばらくすると、あなたはドアを通って外に出たくなるだろう。

すると、あなたの周りの人々のほとんどはあなたを引き止めたがるだろう。

それは彼らが、この檻が唯一の現実だと信じているからだ。彼らはそれ以上知らないのだ。

彼らがあなたに「檻に戻って来なさい。そこをとてもあなたの居心地がよいようにしてあげる」と念を押すとき、彼らに従わないこと。

17

我々は、「パワー（力）」について、さらに話しておきたいと思う。
この理由から、我々はあなた方にあなた方自身の歴史について、手短に話そうと思う。
それがここでは重要だからである。

今日《こんにち》もまだ存在するピラミッドに惹かれる気持ちは、ある記憶と一つの直観的知識に由来するということを理解しなくてはいけない。その記憶と直観的知識とは、ピラミッドは次のことのシンボルである、ということだ。

すべてはひとつに流れ込み、そのひとつだけが存在するということ。加えて言うと、当時は我々が今あなた方に伝えていることの大部分がまだ、手の届くものだったということも理解しなくてはいけない。

すでに我々があなた方に話したように、エジプトの人々は我々に教えられていた。我々は自分たちの姿を全人口に見せたが、あなた方人類の能力でできることについての知識は、少数の者にのみ伝えた。

その人種が失敗した理由は、我々のサポートでその知識を得た少数の者たちが、全人口にそれを伝えなかったことだ。それを秘密にするということが決定された。

それが終わりの始まりだった。

我々にとってはそれは、この人種がどの程度まで、個人の富に走るのを自制する能力、個人パワー患者にならない能力を有するのか、の一つのテストだった。


今、我々の存在が再び役に立つときが来た。

しかしながら、パワーの問題が再び浮上するだろう。

パワーはあなた方の存在の基礎的プロセスであり基本的側面である。

このパワーの問題は、光への準備である。

パワーは、一瞬一瞬に存在する、単なる一つの「踏み石・足がかり」である。それを踏み石と認めないことはあなた方を害する。それはやむことのない不断のプロセスで、パワーとノン・パワーの間の決定を要求する。

何が起きるにせよ、あなた方が何に展開して行くにせよ、パワーはあなた方の展開プロセスの重要な一部である。

あなた方は、経験のプロセスでパワーを必要とする。

あなた方は、自分にこの不断のプロセスをどんどんより強く思い出させるような状況の数々を経験する。つまり、誰かが一つの出来事を自分に引き寄せ、それによってパワーとノン・パワーの決定が目に見えて近づくとき、その人間はその不断のプロセスに意識して気づいてはいないが、かくしてそれに再び意識が向いて気づけるようになるのだ。

そうしたさまざまな状況は、あなた方一人ひとりにとって、練習場なのだ。

パワーがあなたにつきつけられるが、あなたはそれと同じようなやり方では反応しない。

この学習曲線は以下のとおりだ。パワーの可能性を認識するが、パワーを使うことはなく、それによってパワーに手を伸ばす必要はないのだという経験をする。

あなた方の全員が、この踏み石を経験し、自分がパワーを行使するかしないかをマスターしなくてはいけない。であるから、まずは自分のパワー自体を認識しなくてはいけない。

この「踏み石」はとても重要な機能を有する。このハードルを乗り越える者だけが、自分の存在と自分が提供できるものが最大の円周の光に受け入れられるという経験をするだろう。

そのようにして、あなたは光（**LIGHT**）に入るだろう……そして啓発された状態（**BE ENLIGHTENED**）になるだろう。

あなた方の歴史上、このハードルを乗り越えた者は、ごく少数しかいない。

それを成し遂げた者たちは、あなた方が尊敬する者たちだ。あなた方が彼らを尊敬する理由は実際、ここにある。

このハードルを乗り越えた者は、完全なる光に加わるだろう。

「啓発される（**enlightened**）」とあなた方が呼ぶのは、まさしくこのプロセスを表す。

あなた方の宗教は、このハードルを「悪魔」と呼ぶ。それが使われている意味では、それは間違っている。

なぜなら、それが理由となって、あなた方がこのハードルにあまり近づかないようになるからだ。

そのイメージは、あなた方を恐がらせ、その門にあなた方があまり近づき過ぎないようにという意図で描かれた。それを作り上げたのは「パワー」である。

あなたにとって重要なのは、その門に向かって進むことだ。

そうすることによってあなたは、イオンを通して注入された恐れを失う。

もしあなたがパワーをののしれば、あなたは扉に届かない。ののしるものにはあなたは少しも近づけないのだ。この入口に至れるのは、あなたがパワーへののろいを手放す場合だけだ。

ののろいを克服することによって、あなたはパワーの門により近くなるだろう。

開いたハートによって、パワーは開けてくる。より光ある領域に入ることがかなえられる。すなわち、これまではあなたの手に届かなかった多くの経験ができることになる。

クリスティアン・ラー

一つのアストラルな旅の間に、私は真っ黒で三角で不気味な金属の門に向かって進む経験をしました。最初はかなり恐ろしかったのですが、自分のハートにフォーカスすると、ゆっくりと恐れはなくなっていき、その門に近づいていくことができました。その扉にまだ手も触れないうちに、それはひとりでに開き、私は見知らぬ世界に踏み込んでいました。そこは信じられないほどの美しさでした。今の私には、この経験は「パワーの扉」との邂逅だったのだ、とはっきりわかります……

我々はあなた方に言う。その扉は開いている。
あなた方がそれを起こした。なぜなら、十分な数の、恐れを持たぬ魂が集まったからだ。彼らは真実を希求してきた。疑念やあざけりや拒絶や知識不足やパワーが、彼らの真実の探求を思いとどまらせようとするのに屈しなかった。最も広義では、彼らはとらわれなかった。

そうした魂たちが、エネルギー的にある重量に達し、それが鍵とかんぬきのかかった数々の扉を開いたのだ。


あなたがある特定の経験を得ようとするとき、つまりその特定の経験をしたいと思って一つの内的な旅に出るとき、あなたは暗黒を通り抜けて行かなくてはならない。すべての人の成長のプロセスでそう設計されているのだ。

パワーの一つ一つを詳細に識別するには、その目標に向かってひたすら研鑽をするグループに身を置くことがとても価値がある。

なぜなら、あなたがパワーを識別するとき、あなたは選択することができるからだ。

その性質のため、そうしたグループはこのハードルを少しずつ少しずつ乗り越えていける……

あなた方一人ひとりにとって、意識的にこのハードルに完全に気づくようになることがとても重要である。

ハードルを乗り越えるには、一人ひとりがそれをすみずみまで完全に把握しなければならない。

あなた方は、パワーの内側と外側で働くもののどちらを選ぶかの決定をするのに十分以上のパワーを経験し生きてきている。
・・・・・・・・・・・・・・・・・・・・・・・・・
パワーの怒号は何度も何度も続くだろう。
・・・・・・・・・・・・・・・・・・・・・・・・・
パワーはいつまでも我々の視界に繰り返し入ってくるだろう。


この惑星上では、比較的少数の人々のグループがパワーを握り、保持している。

そのグループの主なパワーはアメリカに集中しており、それがそこから外に向かって拡がっていく。彼らのパワーがアメリカに集中しているのは偶然ではない。

なぜなら、自由に向かっての最も強い試みもまた、その国に発し、今でもその国から来ているからだ。

このパワーは、少数の者の手の中でより強く保持されている。そしてそれはエネルギー的な一つのプロセスである。というのは、我々の集合意識の中で益になる経験としてのパワーはどんどんその重要性を失っているからだ。

それが何を意味するかと言うと、あなた方の大部分はもはやパワーを得ようとはしないだろうということだ。

パワーを持ち続ける少数の者は、当然、このプロセスを通じてより多くのパワーを受け取る。


パワーというのは、コントロールを課すために使われたがっている、一つのエネルギー源である。

しかしながら、ことがそう運ぶのは、バランスの取れていない者たちへの場合だけだ。

コントロールの性質は、すべての存在への信頼が失われた状態であり、またそれは窮乏から生じたものである、ということだ。

それらの人々は、「**すべてなるもの**」の意識を失ってしまっており、また誰も彼らにそう告げることがない。

あなた方が、得られた経験によってパワーを認識し自身をそこから解放すればするほど、パワーの持つパワーは減じていく。

パワーは、あなた方がパワーに従う限り、パワーを有する。


パワーの性質を知り、それから自分自身が距離を置くことが重要だ。

あなたがパワーに「ノー」と言う瞬間に、新しい道々が開けてくる。それはあなたがパワーを認めたあとに来るステップだ。


地球上のあなた方の多くがこの道を探しているが、パワーに対抗パワーで応じるという習慣に立ち戻り続けている。

それがパワーを継続させる。それこそがパワーを有する者たちが欲するものなのだ。

あなたが自分をパワーから守ることとそれに従うことの違いは、自分を守るのにパワーを使うか否かというところにある。

まずパワーを克服することなしには、あなたは純粋な光に耐えるに十分なほど強くなることはないだろう。

エクササイズの手引き

既出のエクササイズ一覧

◎忘却のベールを持ち上げるエクササイズ

一瞬、緑色を視覚化するか想像してください。
次に、片手の指で首の後ろの真ん中に触れます。
その指を上に上げていき、ぼんのくぼは通り越して
頭蓋骨の下端よりも少し上にあるくぼみを感じて触れます。
このくぼみはファースト・アイ（第一の目）のほぼ反対側にあります。
ファースト・アイは、額の真ん中、眉の少し上にあるエナジーセンターです。
この辺りに同時に触れてもよいです。
目を閉じてそのくぼみを優しく反時計回りにマッサージしてください。

◎地球という存在とつながるエクササイズ

可能であれば、自然の中に行って地面に座ってください。

目を閉じ、緊張を徐々に、そして、すべて手放していきます。

自分の身体を完全に感じられるようになるまで、身体に意識を集中してください。

そのとき、身体全体を瞬時に感じるのもよいし、注意を各部分に順番に向けていくのでもよいでしょう。

あるいは、自分の身体にあたかもそれが一人の人間であるかのように語りかけるのでもよいでしょう。

自分の身体ともっとも強くつながれる方法を決めてください。

ひとたび自分の身体とつながったら、可能な限り自分の中で地球という存在とつながります。

このときも、一人の人間と話すようにあなた方の惑星と語りあってもよいでしょう。

そうしたら地球に、自分の身体にその振動を送ってください、と依頼してください。

地球のエネルギーが自分の身体に沁み込み、満たしていくのを感じます。

そのときに湧き起こってくる感情があれば、そのままに任せておきます。

◎死の恐れをなくすエクササイズ

可能であれば、自然の中に行って地面に座ってください。

目を閉じ、自分の身体に意識を集中します。

自分の体細胞たちに魂・スピリットの自分をつなげてください。

同時にあなたの身体の中で何十億の細胞たちが振動しているのを意識してください。

もしも可能なら、その振動を感じ取りましょう。

ついで細胞たちに、地球のより高い振動に自分たちを開いて、自分の中にそれを流し、それによって自分たちの中に溜め込まれた死の恐れをどんどん手放すように依頼してください。

それから、現在可能な限り、地球とのつながりを内面的に確立し、自分の身体の中のすべての細胞にあなたの振動を送ってくださいと地球に依頼します。

◎空《くう》を抱擁するエクササイズ

静かな場所で座り、目を閉じてください。
あなたのお臍の辺りに注意を向けてください。
そうすると、意識してその辺りで呼吸することがしやすくなるでしょう。
シンプルに、自分の思考を巡らせておいて、それらに重きを置かないこと。
意識をお臍に集中し続けて、その瞬間瞬間に感じていることを何でも、
そのままに感じましょう。

◎螺旋を内在化させるエクササイズ

左回りの螺旋を、一枚の紙に描いてください。
あなたの好きな色を使って。
沈黙の中で、その螺旋を何度も繰り返し見てください。

◎螺旋の形で考えることを学ぶエクササイズ

目を閉じて、自分の意識を内側に集中させます。
一つ新しい考えを自分に与えてください。たとえば「私は光の存在だ」と。
この新しい考えが、自分の脳の中でどのように螺旋状に動くか、想像してください。
この流れが起きるのに単純に任せて、その動きを自分の全存在の中で感じてください。

◎真の目を目覚めさせるエクササイズ

目を閉じて、意識を額の真ん中、眉間にある自分の真の目に集中してください。
この辺りを自覚的に意識してください。
どういう感じか、感覚を働かせます。
同時に、青の色を視覚化してください。

◎ハートと真の目の間のつながりを発見するエクササイズ

目を閉じて、完全にハートに意識を集中してください。
自分の心に今深く触れるもの、あるいはかつて深く触れたもののことを考えてくださ
い。
同時に左手指を揃えて胸の真ん中の少し左側の心臓の上に置きます。
右手指で額の真ん中の両眉の少し上にあるあなた方の真の目に触れてください。
ハートに触れることに完全に意識を集中しながら、あなたのハートと真の目の間には
双方向性のつながりが存在するということに意識を向けてください。
そのことを、あなたはもしかしたらすでに感じられるかもしれません。

これらのエクササイズは、なるべく頻繁に実践すると、毎回経験がより深まり充実したものになるため、明らかに有益です。でも、どんな順番で行ってもいいですし、かける時間の多少もご自身が思うとおりにされて大丈夫です。

日本での出版に際して

これまで私は「**ピラミッドの師たち**《マスターズ》」の教えのもとに、日本で何度もセミナーをしてきました。でも**マスターズ**の本は、英語を読みこなせる方々にしか意味がありませんでした。日本でも出版されることを長年願っていましたが、それをどう実現させたらいいのかずっとわからずにいました。

そんな中、ある日突然、古宮昇氏に連絡をとってみようと思い立ちました。古宮氏は私のクライアントの一人で、数々の自己啓発本の著者です。彼にお勧めの出版社を聞いてみようと思ったのです。

彼は真っ先にナチュラルスピリットの名を挙げ、コンタクトをとってみると言ってくれました。まもなく、ナチュラルスピリットの今井社長から、興味があるとお知らせいただきました。すべてはそこから始まりました。

翻訳を長年私の個人セッションやセミナーの通訳を務めているマリカが行うことになったのは完璧でした。マリカは、一言半句もおろそかにせず**マスターズ**の言葉をそのままに伝えようと多大な努力をしてくれました。

日本の方々のためにこの本が形になるように尽力してくださったすべての方に心から感謝を捧げます。

私の大好きな国、日本に**マスターズ**の教えが広がりますように。

クリスティアン・ラー

訳者あとがき

二〇〇六年の夏のある日、欧州出身で東京在住の友人が「あなたが会うべき人がいる。クリスティアン・ラーという優れたヒーラーだ。」と言った。

私は幼い頃に普通は見えないらしいものを見て、それは「よく」ないことらしいと思い、いわゆるスピリチュアル界に入らないようにした。でありながら大学では専攻の言語学と同数ぐらいの宗教・神智・人智・哲学の講義を履修したのだが。

二〇〇二年ぐらいから突然周りの友人たちが続々と「ヒーリング」とか「リーディング」の話をし始めた。大学の同級生で会社の重役の男性や、翻訳や通訳として関わっていたバレエスクールの校長たちまでが。それでも私は無関心を装っていた。

二〇〇三年だったか、世界的プリマバレリーナのエヴァ・エフドキモアさんの通訳をしていたのだが、恵比寿ガーデンプレイスのレストランで彼女とバレエスクールの校長と一緒に食事をしていると、エヴァがふいに「ね、あなたは普通の人に見えないものが見えるんじゃない？」と私に語りかけた。母以外には誰も言っていなかったことなのに！と思いながらつい、彼女のまっすぐな瞳を見て、正直にＹｅｓと言ってしまった。エヴァは続けて「あなたはスピリチュアルな仕事をすべき人よ」と言った。

その言葉で、私の人生は変わった。

それまでは種々の分野の校正、翻訳とバレエ関連の通訳に専念していたのだが、大学の同級生に引っ張られるようにスピコンというイベントに行き、そこで知り合った欧米のヒーラーたちの依頼で翻訳や通訳を始めた。

クリスティアンというヒーラーのことを私に話したのも、そのうちの一人だった。その頃私は、リーディングとかヒーリングはもういいや、という心境だった。何度も何度も勧められたが聞き流していた。ある日その友人から一行だけのメールが来た。リンクを開くとそれは「クリスティアン・ラー」のホームページだった。写真を見て「この人のことを私は知っている」と思った。そういう理由だけで、セッション自体にはほとんど期待もなく、セッションの予約を入れてみた。結果、リーディングもヒーリングも、思った以上に私にとって素晴らしい効果があって、私は驚嘆した。するとまもなくクリスティアンから「今、ホームページの翻訳をしてくれる人を探している」と連絡が入った。
翻訳や通訳をする人と波長が合う合わないが、はっきりとある。たとえばエヴァの通訳の時は、彼女が言おうとすることがいつも彼女の口から出るのと同時に、いやその前にわかるのだった。

クリスティアンに関しても同じだった。波長が合う。それで、引き受けることにした。

その後「日本にマスターズのメッセージを伝えたい」と、二冊の本の翻訳も依頼された。だが、その波動の文章化にためらいがあって、ずっと始められずにいた。

クリスティアンが個人セッションで繋がる存在はムーラムと言う。これらの本のメッセージはそのムーラムからではなく、ピラミッドの師たちと呼ばれることになった存在からであり、彼らは個人に対してのメッセージを送ってくることはない。波動もムーラムとはまったく違う。彼らは「自分たちのメッセージは音楽のように聞きなさい」と言う。「言葉の音楽」を訳出することが自分にできるのだろうか、と考え続けてきた。

依頼されてからいつの間にか十年ほどが経ち、今回こうして翻訳を決意する前に、私自身が成長する必要があったのだろうと思う。

また、決意するに当たっては父の言葉が大きな後押しとなった。「普通の翻訳と違うので、決心がつかなくて」と言うと、父は「一人でも二人でも読んで感銘を受けてくれたらいいのではないか。やってごらんよ」と言った。中学生の私に「君は語学の才があるようだ」と言って励ましてくれ、今回も決心のきっかけを作ってくれた父（九十六歳）に感謝している。

今回編集に当たってくださった岡部智子さんには、マスターズのメッセージのエッセンスを伝えるために形式も表現もそれにふさわしいものにするという難題に真摯にご対応いただいた。心からの謝意を表したい。

マスターズのメッセージが手に取ってくださったみなさまのお心に届き、音楽のように共鳴し、お役に立ちますようにと願ってやみません。

二〇二〇年三月　ニュージーランドにて

高橋マリカ

著者プロフィール

クリスティアン・ラー　Chris-Tian RA

1958年ドイツのミュンヘン生まれ。18歳のときの体外離脱の経験が、のちのヒーラー、チャネル・ミディアムとしての人生のきっかけとなる。

1985年人生初の瞑想中にクラウンチャクラが開き、あるスピリチュアル・ティーチャー（ガイド）が存在を彼に告げる。

1998年にニュージーランドに移住するまでの間にヨーロッパ全土で数千人の人生の旅路をサポートした。

強い内なる声にしたがって移住してまもなく、不思議に満ちた「超常的」出来事が起き、この本の基となる叡智のメッセージをチャネリング、元妻で友人のニーナと共に書籍化。

のちに2冊目の『THE TRANSFORMATION OF DARK FORCE（ダークフォースの変容）』を単独で出版。

数多くのセミナー、講演、個人セッションを日本を含む世界各地で行い、ヒーラーおよびチャネル・ミディアムとしての才を、人類の覚醒の為に今回の人生の最後の日まで献身的に提供する決意をしている。

クリスティアン・ラーのウェブサイト：www.embodiedsouls.org

ニーナ・ラリッシュ・ハイダー　Nina Larisch-Haider

第二次大戦中にドイツのベルリンに生まれる。心理セラピスト、ヨガ教師、ナチュロパス、ヒプノセラピスト、ヒーラー、アーティスト。

これまでにコンシャスな生き方に関する5冊の書籍を数カ国で出版。ヨーロッパで多数のセミナーを行った後、ミュンヘン近郊にWIRコンシャスネスセンターを設立。8年後、1999年にニュージーランドに移住、ウェリントンで「テイクケア・ヘルスクリニック＆ショップ」をオープン。

今日も個人セッションを行う他、人々の間にアウェアネスに関する理解を広めるべく活動している。また精力的に新しいアートを創作、展示を続けている。

ニーナ・ラリッシュ・ハイダーのウェブサイト：www.takecarehealth.co.nz

訳者プロフィール

高橋マリカ

神奈川県出身。上智大学外国語学部卒業。校正者、翻訳家、通訳。

禅宗徒の祖母や父、西洋哲学者の叔父などの影響で幼時から、言語、文化、宗教、人間、自然、超自然への強い関心を持つ。

在米中にコーネル大学言語大学院において、日本語教授法の単位を取得。

英国ケンブリッジ大学認定英語教師資格試験合格。

2007年より、クリスティアン・ラーの通訳を務めている。

ピラミッドの師たちの叡智

真の自己に目覚める

●

2020年5月8日　初版発行

著者／クリスティアン・ラー＆ニーナ・ラリッシュ・ハイダー
訳者／高橋マリカ

カバーアート／ニーナ・ラリッシュ・ハイダー
編集・DTP／岡部智子

発行者／今井博揮
発行所／株式会社ナチュラルスピリット
〒101-0051 東京都千代田区神田神保町3-2 高橋ビル2階
TEL 03-6450-5938　FAX 03-6450-5978
E-mail: info@naturalspirit.co.jp
ホームページ https://www.naturalspirit.co.jp/

印刷所／中央精版印刷株式会社

ISBN978-4-86451-335-7 C0011